Mohamed Sylla

MIGRATION FORCEE

Mohamed Sylla

MIGRATION FORCEE

Le récit poignant d'une vie bouleversée par l'exil forcé

Éditions Vie

Cover image: www.ingimage.com

Publisher:
Éditions Vie
is a trademark of
Dodo Books Indian Ocean Ltd. and OmniScriptum S.R.L publishing group

120 High Road, East Finchley, London, N2 9ED, United Kingdom
Str. Armeneasca 28/1, office 1, Chisinau MD-2012, Republic of Moldova, Europe
Printed at: see last page
ISBN: 978-613-9-59281-4

MOHAMED SYLLA

MIGRATION FORCEE

Le récit poignant d'une vie bouleversée par l'exil forcé

Un livre qui nous rappelle que derrière chaque chiffre ou statistique sur les migrants se cache une histoire humaine unique, avec ses propres souffrances, ses espoirs et ses rêves.

MAY, 2023

AVANT PROPOS

La migration forcée est une réalité douloureuse pour ceux qui ont été forcés de quitter leur pays d'origine en raison de conflits, de persécutions ou d'autres formes de violence. Mohamed Sylla je suis l'un de ces migrants forcés, qui a pris la décision difficile de quitter mon pays natal, la Guinée, après avoir tout perdu aux mains des militaires.

Dans ce livre, je raconte mon histoire personnelle et les défis que j'ai dû surmonter lors de mon voyage pénible vers un nouvel endroit où je pourrais reconstruire ma vie. J'ai décrit les circonstances qui m'ont poussé à quitter mon pays, ainsi que les difficultés que j'ai rencontrées en cours de route. J'ai parlé des moments où j'ai été confronté à la faim, à la soif et à la peur, ainsi que des rencontres avec d'autres migrants qui partageaient mon sort.

Ce livre est un témoignage poignant de la réalité de la migration forcée et de ses conséquences sur les individus qui en sont victimes. Il met en lumière les défis auxquels sont confrontés les migrants forcés, tels que la discrimination, la stigmatisation et l'exploitation. Il souligne également l'importance de la solidarité et de l'empathie dans les moments difficiles.

Migration Forcée est une histoire de résilience, de courage et d'espoir. C'est une histoire qui montre que même dans les moments les plus sombres, il y a toujours une lueur d'espoir pour ceux qui cherchent à construire une vie meilleure pour eux-mêmes et leur famille. C'est une histoire qui invite le lecteur à réfléchir sur les défis de la migration forcée et sur la manière dont nous pouvons tous contribué à aider ceux qui en sont victimes.

En somme, ce livre est un témoignage poignant et émouvant qui mérite d'être lu par tous ceux qui s'intéressent à la question de la migration forcée et de ses conséquences sur les individus et les communautés.

Préface

Ce livre "Migration forcée" raconte l'histoire de Mohamed Sylla, un jeune homme qui a tout perdu après avoir été accusé à tort par les militaires de son pays. Pour sa sécurité, il a dû fuir au Liberia, mais il n'a pas trouvé la paix qu'il cherchait. Il a ensuite décidé de partir en Europe, mais le voyage était semé d'embûches. Il a traversé le Mali, le Burkina Faso, le Niger, risquant sa vie sur le désert pour atteindre l'Algérie puis le Maroc avant de tenter sa chance sur la Méditerranée.

Cette histoire est inspirée de milliers de personnes qui sont forcées de quitter leur pays pour échapper à la violence et à la persécution.

Son voyage est un récit poignant de courage, de résilience et de détermination face aux obstacles inimaginables. À travers ses yeux, nous découvrons les défis que rencontrent les migrants qui risquent leur vie pour atteindre l'Europe.

Ce livre est une invitation à la réflexion sur les raisons qui poussent les gens à migrer et sur la responsabilité collective envers ceux qui cherchent refuge et sécurité loin de chez eux.

Il est des livres qui vous marquent profondément, qui vous touchent au plus profond de votre âme et vous invitent à réfléchir sur le monde qui nous entoure. "Immigration forcée" de Mohamed Sylla est l'un de ces livres. Dans ces pages, l'auteur nous raconte son histoire personnelle, celle d'un jeune guinéen qui a tout abandonné pour tenter sa chance en Europe.

Mais ce n'est pas seulement l'histoire d'un homme, c'est aussi celle de milliers d'autres, qui chaque jour risquent leur vie pour fuir la guerre, la misère et les persécutions. À travers des témoignages poignants, Mohamed Sylla nous dépeint les conditions extrêmes de son voyage, les dangers qu'il a dû affronter pour traverser le désert et la Méditerranée, mais aussi les préjugés et les discriminations auxquels il a fait face.

Ce livre est un appel à la solidarité, à l'empathie et à la compréhension. Il nous invite à prendre conscience de notre responsabilité envers ceux qui sont contraints de quitter leur foyer pour survivre. Car derrière chaque migrant, il y a un être humain avec ses rêves, ses espoirs et ses peurs.

En lisant "Immigration forcée", nous sommes confrontés à une réalité souvent ignorée ou minimisée par les médias et les politiques. Nous sommes invités à ouvrir notre cœur et notre esprit pour comprendre la souffrance et la détresse de ceux qui ont tout perdu.

Je recommande vivement ce livre à tous ceux qui cherchent à comprendre le monde dans lequel nous vivons, à tous ceux qui veulent ouvrir leur esprit à la diversité et à la richesse de l'humanité. "Immigration forcée" est un livre bouleversant qui ne vous laissera pas indifférent.

Introduction

La migration forcée est un phénomène qui touche des millions de personnes à travers le monde, souvent en raison de conflits, de persécutions ou de difficultés économiques. Mohamed Sylla, un jeune guinéen, a été confronté à cette réalité lorsqu'il a tout perdu en raison des actions des militaires de son pays.
Malgré ses efforts pour obtenir justice, il a été contraint de prendre la décision difficile de quitter son pays et de chercher une vie meilleure à ailleurs. Son voyage a été pénible et dangereux, mais il est représentatif de l'expérience de nombreux migrants forcés qui cherchent désespérément une issue à leur situation difficile.
Ce livre raconte l'histoire de Mohamed et d'autres migrants forcés, en explorant les causes et les conséquences de la migration forcée et en mettant en lumière les défis auxquels sont confrontés ces individus dans leur quête d'une vie meilleure.
C'est un témoignage poignant sur le parcours d'un homme qui a tout perdu à cause d'une accusation injuste, et qui a dû risquer sa vie pour trouver la sécurité et la liberté qu'il méritait.
Une histoire vraie de migration forcée, qui met en lumière les défis et les dangers auxquels sont confrontés les réfugiés qui cherchent à échapper à la violence et à l'oppression dans leur pays d'origine.
Un récit captivant d'un voyage épique à travers l'Afrique et au-delà, avec des moments de désespoir et de triomphe, de douleur et de courage, qui illustrent la ténacité et la résilience de l'esprit humain.
Une chronique émouvante de la lutte pour la survie et la dignité dans un monde où les frontières sont devenues des barrières insurmontables pour ceux qui cherchent simplement à vivre en paix.

Je suis né dans une petite famille de paysans, entouré de mes parents et de mes frères et sœurs. Le village de Kangama est situé dans la région forestière, approximativement à 80 kilomètres de la préfecture de Guéckédou et à 40 kilomètres du chef-lieu de la sous-préfecture de Fangamandou. Dans mon village, les habitants vivaient en harmonie avec la nature.
Dès mon plus jeune âge, j'avais appris à travailler dur pour aider mes parents dans les champs. J'ai appris à planter, à récolter et à entretenir les cultures, ainsi qu'à élever des animaux pour la nourriture. J'ai également appris à respecter la nature et à vivre en harmonie avec elle.
Le village de Kangama était un endroit paisible et chaleureux, où les habitants se connaissaient tous et se soutenaient mutuellement. J'ai grandi entouré de la famille élargie, des amis et des voisins, qui ont tous contribué à mon éducation et à mon développement.
Malgré les difficultés et les défis auxquels j'ai été confronté, j'ai toujours gardé le sourire et la joie de vivre. J'ai appris à apprécier les choses simples de la vie, comme les repas en famille, les fêtes de village et les soirées à la belle étoile.

En grandissant, j'ai commencé à rêver d'un avenir meilleur pour moi et ma famille. J'ai travaillé dur à l'école et j'ai réussi à obtenir mon examen d'entrée au collège pour poursuivre mes études. J'ai quitté mon village Kangama pour poursuivre mes rêves, mais j'avais toujours gardé une place spéciale dans mon cœur pour mon enfance au village.
Je me souviens de ces journées chaudes et ensoleillées, où mes frères et sœurs et moi courions dans les champs et jouais sous les arbres fruitiers. Je me souviens de la brise légère qui soufflait dans la montagne de boodou qu'on apercevait juste à quelques kilomètres de là, apportant avec elle l'odeur douce des fleurs sauvages et des plantes de café, de kola et cacao. Sans oublier les après-midi passé sur les sables chauds du fleuve magna en saison sèche.
Je me souviens des matins où je me réveillais tôt pour aider mon père dans les champs, en plantant et en récoltant les cultures. Je me souviens des après-midis passés avec ma mère, à préparer des plats délicieux avec les ingrédients frais que nous avions récoltés.
Je me souviens des soirées passées avec mes frères et sœurs, à raconter des histoires et à chanter des chansons autour du feu. Je me souviens de la joie et de l'amour partagés avec ma famille, qui m'a aidé à grandir et à devenir la personne que je suis aujourd'hui.
Mais je savais que je devrais poursuivre mes études pour réaliser mes rêves et aider ma famille à sortir de la pauvreté. J'ai quitté mon village Kagamé avec un cœur lourd, mais avec la détermination de réussir et de revenir un jour pour aider ma communauté.
Pendant mes années passées auprès de ma cousine à Fangamandou pour les études, j'ai fait face à de nombreux défis et difficultés. Tout d'abord, j'ai dû m'adapter à un nouvel environnement où les coutumes et le mode de vie étaient différents de ceux que j'avais connus auparavant. Cela a pris du temps pour que je me sente à l'aise et que je m'intègre dans la communauté.
De plus, j'ai dû faire face à de nombreux défis académiques. Les études à Fangamandou étaient exigeantes et demandaient beaucoup de travail acharné et d'engagement. J'ai dû faire face à des barrières linguistiques en apprenant la langue locale, ce qui m'a pris du temps et de l'énergie.
J'ai dû faire face à la solitude. Etre loin de ma famille et de mes amis était difficile. J'ai dû trouver de nouveaux moyens de me connecter et de me sentir en contact avec ma vie passé, ma famille et mes amis. Malgré toutes ces difficultés, j'ai réussi à surmonter ces défis et à réussir mes études avec succès.
Cette expérience m'a poussé en termes de maturité et de développement personnel. J'ai appris à me débrouiller par moi-même, à m'adapter à de nouvelles situations et à persévérer face à des challenges et des difficultés.
L'attaque des rebelles à Guéckédou venue de la Sierra Leone et du Libéria a été une période très difficile pour moi. Les rebelles ont commencé leur attaque en traversant les frontières depuis la Sierra Leone et le Libéria et ont commencé à attaquer les communautés près de Guéckédou.

Guéckédou est une ville située dans la partie sud de la Guinée. C'est la capitale de la préfecture de Guéckédou et est située au cœur de la région forestière, entourée d'une végétation luxuriante et de collines vallonnées.
La ville est connue pour ses marchés animés, où les habitants et les visiteurs peuvent trouver des produits frais, des textiles et d'autres marchandises. L'économie de la ville est largement tirée par l'agriculture, avec des cultures telles que le café, le cacao, de bananes le riz…. cultivées dans les zones environnantes.
Guéckédou abrite également plusieurs sites culturels et historiques. La ville possède également un musée qui présente l'histoire et la culture de la population locale, majoritairement issue de l'ethnie kissi.
En termes d'infrastructures, Guéckédou dispose d'un réseau routier bien développé qui le relie à d'autres grandes villes de Guinée, ainsi qu'aux pays voisins tels que la Sierra Leone et le Libéria.
Pendant l'attaque, ma tutrice et toute sa famille sont partis loin de moi et j'ai été forcé de fuir ma maison pour trouver refuge ailleurs. J'ai vu des membres de ma famille et de ma communauté tués et d'autres gravement blessés. J'ai dû apprendre à survivre dans un environnement hostile et dangereux. Heureusement, j'ai finalement réussi à retrouver mes proches et mes parents après l'attaque, mais cette expérience m'a laissé avec des souvenirs difficiles et le traumatisme de voir des vies être perdues. Et finalement mon père a pris la décision de nous faire quitter de Guéckédou pour une autre préfecture Kissidougou chez mon oncle qui était chauffeur.
Kissidougou est une ville située dans la partie sud-est de la Guinée. C'est la capitale de la préfecture de Kissidougou et est située au cœur de la région forestière, entourée d'une végétation luxuriante.
La ville est connue pour ses marchés animés, où les habitants et les visiteurs peuvent trouver des produits frais, des textiles et d'autres produits. L'économie de la ville est largement tirée par l'agriculture, avec des cultures telles que le café, le cacao de bananes, de manioc, d'igname et le riz cultivées dans les zones environnantes.
Kissidougou abrite également plusieurs sites culturels et historiques, dont la forêt sacrée de Kissi Kaba, qui est un site important pour les rituels et cérémonies traditionnels. La ville possède également un musée qui présente l'histoire et la culture du peuple Kissi, qui est le groupe ethnique prédominant dans la région.
En termes d'infrastructures, Kissidougou dispose d'un réseau routier bien développé qui la relie à d'autres grandes villes de Guinée.
La mort prématurée de mon père au retour de la guerre en Sierra Leone a été une période difficile pour moi et ma famille. Mon père était un guérisseur traditionnel et réputé dans le village comme un grand chasseur et avait passé de nombreuses années dans la zone de conflit en Sierra Leone.

A l'arrivé des Kamandjos (groupe de chasseurs pour libéré Guéckédou et la Sierra Lionne), mon père s'est volontairement désigné pour aider ses pairs. A son retour, il a commencé à ressentir des problèmes de santé physique. Il a été diagnostiqué avec un trouble de stress post-traumatique et a commencé à souffrir de symptômes tels que, des cauchemars et de l'anxiété.
Malheureusement, cela a mené à des comportements dangereux. La situation a été difficile pour ma famille, qui tentait de l'aider, mais il était de plus en plus distant et réticent à chercher de l'aide professionnelle.
Finalement, la situation a atteint son apogée, avec la mort soudaine et tragique de mon père. Bien que sa mort soit difficile à comprendre et à accepter, il est clair que les traumatismes de la guerre ont contribué à cette tragédie. Les vétérans de guerre sont souvent confrontés à des difficultés une fois qu'ils reviennent à la vie civile, et c'est une leçon importante sur la nécessité de fournir un soutien approprié à ceux qui ont servi leur pays.
Mon voyage à Coyah pour mes études au lycée après l'obtention de mon Brevet d'étude du premier cycle (BEPC) à Kissidougou a été une expérience merveilleuse et enrichissante. Coyah est une ville située à l'ouest de la Guinée à cinquante kilomètres de la ville de Conakry, entourée de montagnes et bordée par une rivière. C'est un endroit magnifique avec un paysage époustouflant que j'ai pu découvrir.
Le trajet en lui-même a également été mémorable. J'ai traversé des villages pittoresques et des petites villes, chacun avec sa propre culture et ses traditions. J'ai également vu des animaux sauvages dans leur habitat naturel, ajoutant au charme du voyage.
Arrivé à Coyah, j'ai trouvé ma nouvelle école juste à la rentrée dans la ville et j'ai commencé à découvrir mes nouveaux camarades de classe. J'ai été impressionné par le niveau d'enseignement et la qualité de l'éducation que j'ai reçue.
En dehors de l'école, j'ai pu explorer les montagnes et les rivières avoisinantes, découvrir la faune et la flore de cette région. Ce fut une expérience extraordinaire pour moi, un souvenir indélébile.
Mon voyage à Coyah pour poursuivre mes études m'a donné l'occasion de découvrir une nouvelle partie de mon pays, de développer mes connaissances et de m'ouvrir à de nouvelles expériences. Cette expérience m'a aidé à devenir plus indépendant, mais aussi plus ouvert et curieux sur le monde qui m'entoure.
Mes débuts au lycée Fily de Coyah ont été une expérience des plus positives. Grâce à l'accueil chaleureux de mes nouveaux camarades de classe et à l'aide des professeurs attentionnés, j'ai rapidement et facilement réussi à m'intégrer dans cette nouvelle communauté éducative.
Les professeurs que j'ai rencontrés au lycée Fily étaient attentionnés, expérimentés et passionnés. Ils ont été en mesure de fournir une éducation de qualité et de m'aider à me développer dans mes études. Les méthodes

d'enseignement étaient efficaces, dynamiques et adaptées aux besoins spécifiques de chaque élève.
Quant à ma nouvelle communauté, la culture de l'école Fily a été très accueillante. Mes camarades de classe m'ont offert leur amitié et leur soutien dès le premier jour. Cela a permis d'adoucir la transition de l'école primaire, le collège au lycée et a contribué à me donner confiance en moi et en mes capacités.
En dehors de la salle de classe, il y avait également des activités parascolaires variées, telles que des compétitions sportives, des clubs et des événements culturels. Cela a aidé à renforcer les liens entre les élèves et a favorisé une interaction positive.
Grâce à tout cela, mon expérience au lycée Fily de Coyah a été une période incroyablement positive, me permettant de grandir et d'évoluer en tant qu'étudiant et en tant qu'individu. Mais cette année, une lettre de mon jeune frère a brisé mon cœur. La phrase qui m'a beaucoup touché dans la lettre est (grand frère notre mère est parti je ne sais pas où).
Le départ de ma mère de la maison a été un moment difficile pour moi, surtout lorsque cela s'est produit en classe de terminale au lycée. J'ai été perturbé par cette nouvelle et je me suis retrouvé avec beaucoup d'émotions contradictoires.
D'abord, j'ai ressenti de la tristesse et de la douleur. Ma mère était une personne très importante dans ma vie et elle avait toujours été là pour moi. C'était une figure maternelle forte et aimante qui m'avait soutenu à travers les hauts et les bas de la vie. Sa décision de partir m'a laissé un vide énorme dans le cœur et j'ai eu du mal à accepter que je ne pourrais plus la voir tous les jours que je me présenterais au village.
Ensuite, j'ai été confronté à une grande confusion. Je ne comprenais pas pourquoi ma mère avait pris cette décision et je me suis senti déboussolé. J'ai commencé à me poser des questions sur mon propre rôle dans cette situation et sur ce que j'aurais pu faire différemment pour éviter que cela se produise. J'ai également eu du mal à comprendre comment ma vie allait changer maintenant que ma mère n'était plus là.
Enfin, j'ai été confronté à un sentiment de colère et de frustration. Je me suis senti abandonné et j'ai eu l'impression que ma mère avait choisi de partir sans penser à moi. J'ai eu du mal à accepter que sa décision avait des conséquences sur ma vie et sur celle de mes frères et sœurs.
Cependant, avec le temps, j'ai appris à accepter la situation et à trouver des moyens de faire face à mes émotions. J'ai commencé à parler à mes amis et à ma famille de ce que je ressentais et j'ai cherché des moyens de rester en contact avec ma mère malgré la distance et sans réseau téléphonique ni internet en ce moment, mais à travers les lettres que j'envoyais chaque mercredi qui étais le grand jour du marché de Guéckédou. J'ai enfin eu des informations qu'elle était parti à Siguiri. Et là, J'ai appris à prendre soin de moi et à trouver des moyens de me distraire et de rester positif.

Siguiri est une ville située dans la région de Kankan, dans le nord-est de la Guinée. Elle est connue pour être le centre de l'exploitation minière d'or en Guinée, avec des mines d'or à ciel ouvert et souterraines.
Les gens vont souvent à Siguiri pour travailler dans les mines d'or, qui offrent des emplois bien rémunérés pour les travailleurs locaux et les expatriés. La ville est également un centre commercial important pour la région, avec un marché animé où les gens peuvent acheter des produits frais et artisanaux.
En dehors de l'industrie minière, Siguiri a également un riche patrimoine culturel, avec des sites historiques tels que le Fort de Bissikrima, une ancienne forteresse construite par les Français au 19ème siècle. La ville est également connue pour ses célébrations annuelles de la fête musulmane de Tabaski, qui attirent des visiteurs de toute la région.
En termes d'infrastructure, Siguiri a une route principale qui relie la ville à d'autres villes importantes en Guinée, ainsi qu'à des pays voisins tels que le Mali et le Burkina Faso. La ville dispose également d'un petit aéroport qui dessert des vols intérieurs.
J'ai finalement compris que la perte d'un être cher peut être une période difficile pour toute la famille, et cela peut être encore plus compliqué lorsque des questions d'héritage sont impliquées. Il est possible que la mort de notre père et la gestion de son héritage a causé du stress et de l'anxiété supplémentaires pour notre mère.
Et également ma mère a décidé de partir pour Siguiri pour chercher un nouveau départ et une nouvelle vie. Siguiri est connue pour être une région riche en or, ma mère a décidé d'aller là-bas pour trouver de l'argent. Cela pourrait être un moyen pour elle de se remettre de la perte de notre père et de trouver un nouveau but dans la vie.
Cette année, je voulais poursuivre mes études et terminer mon parcours scolaire avec succès. Mais de l'autre côté, j'étais préoccupé par le bien-être de ma mère et je ne pouvais pas la laisser seule dans une ville éloignée.
Finalement, j'ai décidé de mettre mes études en pause et d'aller chercher ma mère. Cela a été une décision difficile à prendre car j'avais travaillé dur pour arriver jusqu'à la terminale, mais je savais que ma mère avait besoin de moi.
Nous avons passé du temps ensemble à Siguiri et j'ai pu la ramener à la maison en toute sécurité. Bien que j'aie échoué en terminale, je suis satisfait de ma décision car ma mère est maintenant avec moi et je sais qu'elle est en sécurité.
Cette expérience m'a appris que parfois, nous devons faire des choix difficiles dans la vie. Parfois, nous devons mettre nos propres objectifs de côté pour aider les personnes qui comptent le plus pour nous. Cela peut être difficile, mais cela peut aussi nous apporter une grande satisfaction et nous aider à grandir en tant qu'individus.
Je me souviens encore de ce jour où j'ai retrouvé ma mère dans un petit village près de Siguiri. C'était un moment très émouvant pour moi, car cela faisait des

mois que je ne l'avais pas vue. J'avais quitté le village pour poursuivre mes études et je n'avais pas eu l'occasion de rentrer depuis longtemps.
Lorsque j'ai appris que ma mère était à Siguiri, j'ai décidé de rentrer d'abord au village pour me rassurer de la nouvelle et rester un peu à côté de la famille. Le jour où j'ai décidé de partir, beaucoup m'ont conseillé de n'est pas allé. Sachant que Siguiri est non seulement connu pour la richesse de son sous-sol en or, mais c'est aussi une région des grands féticheurs. Mais j'étais déterminé pour retrouver ma mère. J'ai pris une de ses anciennes photos et mon voyage à commencer.
Je me suis rendu compte que je ne connaissais pas vraiment la région où elle vivait, alors j'ai demandé des amis qui ont vécu là-bas de me parler un peu de la région. J'ai parcouru des kilomètres sur des routes cahoteuses et poussiéreuses, traversant des villages isolés et des champs verdoyants.
Enfin, je suis arrivé dans le petit village où ma mère vivait. J'ai couru vers elle. Elle était assise sur une chaise à l'ombre d'un grand arbre, entourée de ses amis. Elle était surprise et émue de me voir, et elle a pleuré en me serrant dans ses bras.
Nous avons passé plusieurs jours ensemble, parlant de tout et de rien, rattrapant le temps perdu. Ma mère m'a raconté comment elle avait vécu seule depuis que mon père était décédé, comment elle avait travaillé dur pour subvenir à nos besoins et comment elle avait prié pour que je réussisse dans la vie. Elle m'a également parlé de la région de Siguiri, de ses traditions et de ses coutumes.
J'ai découvert que Siguiri était une ville importante en Guinée en raison de son industrie minière d'or florissante. Ma mère m'a expliqué que de nombreuses personnes venaient travailler dans les mines d'or, offrant des emplois bien rémunérés pour les travailleurs locaux et les expatriés. Elle m'a également parlé du marché animé où les gens pouvaient acheter des produits frais et artisanaux.
Pendant mon séjour à Siguiri, j'ai rencontré des gens formidables qui m'ont accueilli à bras ouverts. J'ai goûté à la nourriture locale, assisté à des cérémonies traditionnelles et appris beaucoup sur la culture et l'histoire de la région.
De retour au village avec ma mère, c'était la joie non seulement pour mes frères et sœurs mais aussi pour tous les habitants du village. Je recevais les salutations pour mon courage.
Le jour de mon départ du village, ma mère était triste de me voir partir, mais elle était heureuse de savoir que j'avais eu l'occasion de découvrir la région de Siguiri. Nous nous sommes promis de rester en contact et de nous revoir bientôt.
Ce voyage à Siguiri restera à jamais gravé dans ma mémoire. J'ai retrouvé ma mère, découvert une nouvelle région de la Guinée et rencontré des gens formidables. C'était une expérience enrichissante et émouvante que je n'oublierai jamais.
A mon retour à Coyah, j'ai réalisé que je devais trouver un moyen de subvenir aux besoins de ma famille tout en poursuivant mes études. J'ai donc commencé à chercher du travail.

Cela n'a pas été facile car je n'avais pas d'expérience professionnelle et les offres d'emploi étaient rares dans ma région. Cependant, j'ai persévéré et j'ai finalement trouvé un poste à la fabrique Nestlé de Coyah comme journalier au magasin de l'usine.
Le travail était difficile et exigeant, mais j'étais déterminé à réussir. J'ai travaillé dur pendant mes heures libres après l'école et les week-ends pour gagner de l'argent et aider ma mère à prendre soin de la famille.
Au fil du temps, j'ai appris beaucoup de choses sur le monde du travail et j'ai développé des compétences utiles telles que la gestion du temps, la communication et la résolution de problèmes. J'ai également rencontré des collègues formidables qui m'ont aidé à m'intégrer dans l'entreprise et à me sentir plus confiant dans mon travail.
Bien que ce ne soit pas facile de jongler entre les études et le travail, je suis fier de moi pour avoir réussi à trouver un équilibre entre les deux. Je sais que cela a été bénéfique pour ma famille et pour moi-même car cela m'a permis de gagner en indépendance et de prendre plus de responsabilités.
Je suis reconnaissant envers Nestlé pour m'avoir donné cette opportunité et je suis fier d'avoir travaillé pour une entreprise qui valorise l'éthique professionnelle et le respect des travailleurs.
Cette expérience m'a appris que le travail acharné et la persévérance peuvent porter leurs fruits, même dans les moments les plus difficiles.
Lors du recrutement interne à Nestlé, j'ai été embauché en tant qu'ouvrier de production. Même-ci le poste n'était peut-être pas modeste, mais il m'a donné une occasion solide de commencer ma carrière professionnelle. En tant qu'ouvrier de production, j'étais impliqué dans la production et l'emballage de produits Nestlé, et j'ai appris à travailler en équipe en vue de respecter les normes de qualité.
Après avoir passé un temps en tant qu'ouvrier de production, j'ai été promu au poste de contrôleur qualité. Dans mon nouveau rôle, j'étais responsable de l'inspection et de la vérification des produits finis Nestlé. J'ai également travaillé en étroite collaboration avec les responsables de l'usine pour établir des procédures de contrôle qualité plus rigoureuses.
Suite à cette expérience réussie, j'ai été promu au poste d'assistant responsable logistique. J'étais en charge de la coordination des opérations de logistique, y compris la réception des matières premières, la planification des expéditions et la gestion des stocks. J'ai également travaillé avec le responsable logistique pour améliorer les processus et la gestion des stocks.
Malgré les difficultés, j'ai réussi à obtenir mon baccalauréat et j'ai été accepté à l'université Amadou Dieng de Bentourayah où j'ai choisi le droit. Cela a été une grande réussite pour moi et ma famille, car nous avions tous travaillé dur pour atteindre cet objectif.
Malheureusement, ma carrière chez Nestlé a été interrompue de manière abrupte en raison de l'intervention des militaires. Bien qu'ils n'aient pas été en mesure de

fournir une justification claire pour mon arrestation, ils ont détenu de nombreux travailleurs et employés en ville à cause de moi. J'ai été accusé par les militaires d'être le jeune frère du commandant du camp Koundara baptisé camp Makambo. Où le président Moussa Dadis Camara a été victime d'une tentative d'assassinat contre sa personne par son aide de camp Aboubacar Sidiki Camara alias Toumba le jeudi 03 décembre 2009.
Ces accusations étaient fausses, mais elles ont eu des conséquences graves pour moi. J'ai été arrêté le vendredi 04 décembre 2009 à l'enceinte même de l'usine Nestlé et amené dans le centre de détention et de torture où j'ai été soumis à des interrogatoires et à des mauvais traitements. Et là, j'ai été accusé d'avoir des liens avec les opposants politiques et d'avoir participé à des activités subversives pour renverser le pouvoir en place. J'ai nié les accusations, mais j'ai été détenu pendant plusieurs jours sans procès ni avocat. J'ai finalement été relâché sans explications et j'ai été contraint de quitter mon travail à Nestlé et d'arrête mes études universitaire.
Ça a été sans doute stressante et désorientant pour moi ainsi que pour mes collègues de travail et ma famille.
Le vendredi 04 décembre 2009 a été un mauvais jours et non une mauvaise vie pour moi. Je suis plus fort que le passé et c'est sûr que Dieu m'accorderas une seconde chance pour me rattraper. Je n'oublie jamais mes amis de Nestlé avec lesquelles ont formaient une famille. Cette vie de famille qui se reposait sur la persévérance, l'amour et la haine. Tous ce qui nous manquait étaient l'argent et c'est ce qu'ont cherchaient ensemble dans cette usine de fabrication de cube Maggie et crevette à des postes différents, dans les départements différents.
Cette tragédie du 04 décembre m'a poussée à ne pas satisfaire mon désir de devenir celui que je voulais être dans la vie. Cette distance entre mon désire et moi m'a fait savoir le vrais sens de la vie, la différence entre la famille biologique et celle du travail, les vrais amis et les faux.
Ce jour difficile pour moi laissait apparaître la joie sur le visage de certains et la tristesse chez d'autres. J'ai su en ce moment que le poste d'assistant du responsable logistique que j'occupais m'avait créé des ennemis sans le savoir.
Entourer par les militaires qui sont venu m'arrêté, je n'ai pas eu le temps de demandé à tous ceux qui ont été agressé avant de m'avoir, surtout les gardiens du grand portail de la cours de l'usine et mon responsable qui n'a pas voulus me livré, il craignait pour ma vie, il m'aimait et se souciait assez pour moi. Je voyais ça sur son visage qui laissait tombé les goute de larme sur sa poitrine. La frayeur sur le visage des gardiens de l'usine était énorme. Ils avaient peur pas seulement pour eux-mêmes, mais pour moi. Car pour certains, c'était la derrière fois de me voire vivant.
En ce moment de ni pitié sans pardon, ma vie était gouverner. Tous mes gestes étaient contrôlés. Et là, je me suis dit que tous mes rêves, mon parcours ont pris fin. C'est le tour des vengeances contre ma personne pour mes biens. Les amis tristes ne pouvaient pas retenir les larmes au moment où j'ai perdu le contrôle de

mes mouvements. J'ai compris que les vrais amis ne se disent jamais qu'ils sont bons pour toi, mais ils sont là pour toi-même-ci vous avez les divergences d'idée sur certains sujets de la vie.
Or, vivre avec des faux amis peut avoir des conséquences négatives sur la santé mentale et émotionnelle d'une personne :
Ils peuvent critiquer ou ridiculiser une personne, ce qui peut la faire douter de ses capacités et de sa valeur.
Ils peuvent créer un environnement de stress et d'anxiété en raison de la méfiance et de la peur de la trahison.
Ils peuvent utiliser une personne pour leur propre gain, ce qui peut la faire sentir utilisée et dévalorisée.
Ils peuvent créer des conflits entre les personnes, en raison de la jalousie, de la rivalité ou de la manipulation.
Ils peuvent distraire une personne de ses objectifs et de ses priorités, ce qui peut entraîner une perte de temps et d'énergie.
Sans me laisser monter doucement dans à l'arrière du pick-up, deux militaires accompagné d'un troisième m'ont soulevé et poussé dedans comme un sac, sans même savoir sur quoi je vais tomber. Assis parmi eux, les fétiches aux odeurs inimaginables faisaient cacher la couleur des uniformes et les bérets se faisaient remplacer par les cauris qui entouraient la tête. J'étais soumis aux ordres, accepté ce qui est, oublié et laissé aller ce que j'étais et me remettre à la volonté de Dieu qui est le maître suprême de l'univers.
Ce jour la ville de Conakry était sous la terreur des militaires. Et moi je suis déjà dans leurs mains. Le cortège se dirige vers le camp des tortures. Je n'avais plus peur de moi-même, de ce qui allais m'arriver, mais de la manière dont ma mère recevra la nouvelle.
Ce groupe de militaire en provenance du camp Alpha Yaya Diallo, parmi eux, le caporal Kalas Dopavogui, mon voisin du quartier qui m'a pointé du doigt et m'a laissé dans les mains de ses amis. Il est parti vandaliser ma maison et emporté le contenu, ma voiture et l'argent.
En ce moment-là, assis ma tête courbée en bas sous mes jambes et mes deux coudes lieux sur mon dos par les cordes, je ne souffrais pas du mal que je ressentais dans mon corps, mais je souffrais du mal qui me venait de ceux qui devraient me protéger. Je croyais à la vie, au futur, à ce que je suis.
En ce moment, je croyais en moi-même pour quoi qui m'arrivais, je savais que mon innocence était là.
En réalité, tous ses hommes font souffrir, mais parmi eux, j'ai rencontré un vrai ami, car autour de nous dans les moments difficiles, quand tu rencontres un bon ami, toute ton existence peut changer pour toujours. Cet ami était celui qui m'a demandé pour la première fois depuis quelques jours passé après mon arrestation.
David, tous venants de la même région que le président Dadis, militaire aussi. Pourquoi tes frères ont voulus tué le président ? Surpris de la question, j'ai

demandé quel frère ? Bégret le commandant du camp koundara répliqua David, Je n'ai aucun frère dans l'armée ni même ici à Conakry ; Je lui ai répondu avec tout attention et j'ai continué, je suis né à Guéckédou c'est les études qui m'ont envoyé à Coyah.
Sachant que nous venons de la même région, et n'ayant pas de preuve sur ce que Kalas les a fait croire, David a ordonné ma libération.
Et pourtant, c'était une journée type, comme les autres. Je me suis réveillé tôt le matin, j'ai pris le petit déjeuner et je suis allé travailler. Je ne savais pas que ma vie était sur le point de s'aggraver. Alors que je rentrais dans la salle de réunion ce jour-là pour une formation, j'ai été soudainement arrêté par un groupe de soldats. Sans me demandé de m'identifier, et avant même que je puisse dire un mot, ils m'ont emmené.
J'ai essayé de leur expliquer que je n'avais rien à voir avec ça, mais ils ne m'ont pas cru. Ils n'arrêtaient pas de me poser des questions, essayant de me faire avouer quelque chose que je n'avais pas fait et je ne savais pas.
Après ce qui m'a semblé une éternité, ils m'ont finalement laissé partir. J'étais soulagé d'être sorti de là, mais je ne savais pas que mes ennuis étaient loin d'être terminés. En rentrant chez moi, j'ai remarqué que quelque chose n'allait pas. Il y avait des fenêtres et des portes cassées. C'est alors que j'ai réalisé que ma maison avait été vandalisée.
Je me suis précipité à l'intérieur, seulement pour constater que tout avait été pris. Ma télé, mon ordinateur, mon argent et même mes vêtements et ma voiture devant ma porte tout avaient disparu. L'endroit était en désordre et on aurait dit que quelqu'un avait saccagé toute la maison.
Je ne pouvais pas croire ce qui venait de se passer. Tout ce que je savais, c'était que ma vie ne serait plus jamais la même.
Alors que j'étais assis là, essayant de donner un sens à ce qui venait de se passer, j'ai réalisé que ce sont les soldats qui avaient fait cela. Ils avaient profité de mon arrestation et en avaient profité pour vandaliser ma maison et voler tout ce que je possédais. C'était un abus de pouvoir flagrant et je ne pouvais rien y faire.
J'ai essayé de signaler l'incident aux autorités, mais elles ne semblaient pas s'en soucier. Ils étaient plus intéressés à me faire avouer le crime que je n'avais pas commis qu'à m'aider à découvrir qui avait vandalisé ma maison. Ce fut une expérience frustrante et cela m'a donné l'impression d'être tout seul au monde.
Les jours se sont transformés en semaines et les semaines en mois. J'ai essayé d'oublier l'incident, mais c'était toujours au fond de ma tête. Chaque fois que je pense à ma maison vandalisée, je ressens un sentiment de colère et d'impuissance. Je ne pouvais pas croire qu'une telle chose puisse se produire dans mon propre pays, où l'État de droit était censé être respecté.
Il m'a fallu beaucoup de temps pour accepter ce qui s'était passé. J'avais perdu tout ce que je possédais et il n'y avait aucun moyen de le récupérer. Mais j'ai refusé de laisser cet incident me définir. Je savais que j'étais innocent, et c'était tout ce qui comptait.

En repensant à cet incident, je me rends compte qu'il m'a appris une leçon précieuse. Cela m'a appris qu'il y a des gens dans ce monde qui feront n'importe quoi pour obtenir ce qu'ils veulent, même si cela signifie enfreindre la loi. Mais cela m'a aussi appris qu'il y a des gens qui défendront ce qui est juste, quel qu'en soit le prix. Et c'est quelque chose dont je serai toujours reconnaissant.

La période du régime du capitaine Moussa Dadis Camara en Guinée a été marquée par une violence et une cruauté inimaginables. Les militaires guinéens ont commis des atrocités contre leur propre peuple, notamment lors de la manifestation pacifique organisée le 28 septembre 2009 au stade de Conakry.

Ce jour-là, des milliers de Guinéens se sont rassemblés pour protester contre la décision de Moussa Dadis Camara de se présenter à l'élection présidentielle de 2010. Les manifestants étaient pacifiques et ne représentaient aucune menace pour le régime en place. Les forces de sécurité ont réagi avec une violence extrême. Les militaires ont ouvert le feu sur la foule, tuant des dizaines de personnes et en blessant des centaines d'autres. Les témoins ont rapporté que les soldats ont tiré à bout portant sur les manifestants, visant délibérément la tête et le cœur. Les corps des victimes ont été traînés hors du stade et emmenés dans des camions militaires, où ils ont été jetés dans des fosses communes.

Les femmes ont également été ciblées par les militaires. Des témoignages ont révélé que des soldats ont violé des femmes devant leurs maris et leurs enfants. Les femmes ont été emmenées dans des casernes militaires où elles ont été violées à plusieurs reprises par des soldats.

Les prisonniers politiques ont également subi des tortures horribles aux mains des militaires. Des témoignages ont rapporté que les prisonniers étaient battus avec des bâtons, électrocutés, brûlés avec des cigarettes et soumis à des simulacres d'exécution. Les prisonniers ont été détenus dans des conditions inhumaines, sans nourriture ni eau pendant des jours.

La cruauté des militaires a également touché les familles des opposants politiques. Des témoignages ont révélé que les soldats ont arrêté des membres de la famille de certains opposants politiques, les ont torturés et les ont gardés en détention pour faire pression sur l'opposant politique.

La violence perpétrée par les militaires a eu des conséquences dévastatrices pour la population guinéenne. Des milliers de personnes ont été tuées, violées ou torturées. Les familles ont été brisées et les communautés ont été traumatisées. La Guinée a été plongée dans une crise politique et sociale qui a duré des années.

Après avoir été libéré de prison, j'ai été confronté à la dure réalité de la vie sans rien. Tout ce que j'avais avant d'être incarcéré avait été volé par le caporal Kalas. J'ai donc décidé de porter plainte contre lui au tribunal de première instance de Mafanco à Conakry.

Le tribunal a pris en compte ma plainte et nous a envoyés, moi et le caporal, au PM3. Cette unité spécialisée de la police judiciaire s'occupe des enquêtes

criminelles complexes. Le but était de clarifier la situation et de trouver une solution juste pour les deux parties.
Lorsque nous sommes arrivés au PM3, nous avons été interrogés par des enquêteurs. J'ai expliqué en détail comment le caporal avait profité de mon absence pour s'introduire chez moi et prendre tout ce que j'avais. Le caporal a nié les accusations, mais les enquêteurs ont trouvé des preuves qui l'incriminaient.
Au final, le caporal a été reconnu coupable et condamné à me rembourser la valeur totale des biens volés. Bien que cela ne puisse pas compenser totalement la perte que j'ai subie, cela m'a aidé à retrouver un peu de dignité et de justice après avoir été privé de mes biens pendant si longtemps.
Mais la situation a pris une tournure inattendue lorsque le commandant du PM3 a reçu des menaces de la part du ministre chargé à la protection présidentielle Claude Pivi pour libérer le caporal. Malheureusement, le caporal a été libéré et le commandant m'a conseillé de quitter le pays pour ma sécurité.
Cette expérience a été difficile pour moi, mais elle m'a également appris l'importance de la justice et de la sécurité. J'ai dû quitter mon pays pour me protéger, mais je suis reconnaissant d'avoir pu obtenir justice pour ce qui s'est passé.
Cela m'a montré que la vie peut être imprévisible et difficile, mais que la justice et la sécurité sont des éléments clés pour une vie stable et équilibrée. J'espère que les autorités prendront des mesures pour garantir la sécurité et la justice pour tous les citoyens de mon pays.
La nouvelle de mon arrestation a été mal reçue par ma mère qui est tombée malade d'une montée de sa tension. Elle m'a ordonné de partir de la Guinée pour le Liberia. J'ai donc décidé de suivre son conseil et de partir pour le Liberia pour ma sécurité.
Partir n'a pas été facile. J'ai dû abandonner tout ce que j'avais construit en Guinée et recommencer à zéro dans un nouveau pays. C'était difficile de quitter ma famille et mes amis, mais je savais que c'était la meilleure décision pour ma sécurité. Car Kalas et ses amis sont capables de me tuer sans que la justice ne soit rendue définitive.
Mon pays m'a laissé partir sans dire aurévoire à mes amis d'enfance, mes collègues de travail et mes professeurs d'université. Avec ce corps aux cicatrices inoubliables laissé par les traces des cordes qui traversais ma peau. Accusé et arrêté puis torturer par les militaires, trahi par la justice et séquestré par les gendarmes. Voilà ce qui reste désormais en moi comme souvenir de mon pays. Je ne peux que compter sur mon pays de résidence pour refaire ma vie qui m'a été enlevée.
J'ai commencé une nouvelle vie au Liberia. J'ai trouvé un emploi dans une entreprise locale et j'ai commencé à me faire de nouveaux amis. Mais je n'oublierai jamais ce qui s'est passé en Guinée. Cela a été une expérience difficile, mais cela m'a également appris l'importance de la famille, de la sécurité

et de la justice. Je suis reconnaissant d'avoir eu la chance de commencer une nouvelle vie dans un nouveau pays. J'espère que la situation en Guinée s'améliorera et que tous les citoyens pourront vivre en paix et en sécurité.
Au Liberia, je ne parlais pas l'anglais et la communication était difficile pour moi. J'ai essayé d'apprendre l'anglais par moi-même en utilisant des applications et des livres, mais cela n'a pas été suffisant. J'ai réalisé que si je voulais réussir dans ce nouveau pays, je devais apprendre l'anglais. J'ai donc décidé de m'inscrire à une école de langue pour débutants.
C'était difficile au début, car je devais tout réapprendre depuis le début. Mais j'ai persévéré et j'ai commencé à comprendre de plus en plus chaque jour. J'ai également commencé à pratiquer l'anglais avec mes collègues de travail et mes nouveaux amis. Ils étaient patients et compréhensifs, ce qui m'a aidé à gagner confiance en moi pour parler la langue.
Au fil du temps, j'ai commencé à me sentir plus à l'aise en anglais. J'ai pu communiquer avec les gens plus facilement et j'ai même commencé à aider mes collègues qui avaient des difficultés à comprendre certaines choses. Apprendre une nouvelle langue a été difficile, mais cela a été une expérience enrichissante. Cela m'a permis de mieux m'intégrer dans ma nouvelle communauté et de me sentir plus en sécurité dans mon nouvel environnement. Je suis reconnaissant d'avoir eu la chance d'apprendre l'anglais et de m'adapter à ma nouvelle vie au Liberia. Cela a été un défi, mais cela a également été une opportunité pour moi de grandir et de m'améliorer en tant que personne.
Je pense que l'apprentissage d'une nouvelle langue est un investissement précieux dans l'avenir. Cela peut ouvrir de nouvelles portes et offrir de nouvelles opportunités, que ce soit dans un nouveau pays ou simplement dans la vie de tous les jours.
Un an après, j'ai commencé à travailler à CHICO (China Hernan international construction company), une société de construction des routes en tant que superviseur de chantier.
Dans ce poste, j'ai appris à conduire plusieurs machines telles que le chargeur, bulldozer, compacteur, l'excavateur et les camions.
Conduire ces machines était une nouvelle compétence pour moi, mais j'ai rapidement appris grâce à la formation et aux conseils de mes collègues. J'ai également appris à lire les plans de construction, à superviser les travailleurs et à gérer les délais.
Travailler à CHICO a été une expérience enrichissante car j'ai pu acquérir de nouvelles compétences et apprendre sur le terrain. J'ai également eu la chance de travailler avec des collègues talentueux et dévoués qui m'ont aidé à progresser dans ma carrière.
Le Libéria est un pays d'Afrique de l'Ouest qui a été ravagé par une guerre civile qui a duré 14 ans, de 1989 à 2003. Pendant cette période, le pays a connu une destruction massive de ses infrastructures et de ses économies, ainsi que des violations des droits de l'homme et des déplacements forcés de populations

entières. En conséquence, les routes du pays sont en mauvais état et nécessitent une reconstruction urgente pour permettre aux gens de se déplacer en toute sécurité et de reconstruire leur vie. C'est là que Chico, une entreprise de construction de routes, entre en jeu.

En travaillant à Chico, j'ai eu l'opportunité de voyager dans tout le pays et de voir les différentes régions et communautés qui ont été touchées par la guerre civile. J'ai vu des villes détruites et des villages abandonnés, mais j'ai aussi vu des gens courageux et résilients qui cherchent à reconstruire leur vie malgré les défis. J'ai également vu comment la reconstruction des routes peut être un catalyseur pour la reprise économique et sociale.

Les routes sont essentielles pour permettre aux gens d'accéder aux marchés, aux écoles, aux hôpitaux et aux autres services publics, ainsi qu'aux emplois et aux opportunités économiques. La reconstruction des routes n'est pas une tâche facile. Le Libéria est un pays avec une infrastructure limitée et une main-d'œuvre qualifiée insuffisante.

De plus, la corruption et l'instabilité politique peuvent entraver les efforts de reconstruction. Malgré ces défis, Chico et d'autres entreprises de construction de routes continuent de travailler pour reconstruire le Libéria. Leur travail est essentiel pour aider les communautés à se remettre de la guerre civile et à reconstruire leur pays.

Mon voyage avec Chico m'a permis de voir de mes propres yeux les défis auxquels le Libéria est confronté en matière de reconstruction des routes et de développement économique. J'ai également vu l'importance de ce travail pour permettre aux citoyens de se déplacés facilement.

Travailler avec les chinois peut être une expérience enrichissante mais également difficile.

En tant que superviseure, j'ai dû apprendre à accepter les différences culturelles et à m'adapter aux pratiques professionnelles chinoises. Tout d'abord, il est important de comprendre que la culture chinoise est très différente de la culture africaine. Les Chinois ont une approche plus collective du travail et accordent une grande importance à la hiérarchie et à la respectabilité.

En tant que superviseure, j'ai dû apprendre à travailler avec ces différences culturelles et à m'adapter aux pratiques professionnelles chinoises. L'une des principales difficultés que j'ai rencontrées en travaillant avec eux était la barrière de la langue. Bien que la plupart de ces chinois parlaient anglais, il y avait encore des malentendus et des incompréhensions qui se produisaient en raison de la différence de langue et de culture. Pour surmonter cette difficulté, j'ai dû être patient et faire preuve de compréhension. J'ai également dû m'efforcer de communiquer clairement et de manière concise afin de minimiser les malentendus.

Une autre difficulté que j'ai rencontrée était la façon dont les Chinois abordaient le travail. Ils sont connus pour leur travail acharné et leur dévouement, mais ils ont également une approche très méthodique et ont tendance à suivre les règles à

la lettre. En tant que superviseure, j'ai dû être flexible et m'adapter à leur approche du travail. J'ai également dû apprendre à être plus patient et à donner des instructions claires et précises.
Une autre difficulté que j'ai rencontrée était la différence de mentalité en matière de négociation. Les Chinois ont tendance à être plus prudents et réfléchis lorsqu'il s'agit de négocier, et ils peuvent parfois prendre leur temps pour prendre une décision. En tant que superviseure, j'ai dû apprendre à être patient et à respecter leur processus de prise de décision. J'ai également dû apprendre à être plus flexible en matière de négociation et à être prête à faire des compromis. J'ai dû apprendre à accepter les différences culturelles et à m'adapter aux pratiques professionnelles chinoises. Cela signifiait respecter la hiérarchie et la respectabilité, être conscient de l'importance de la famille et des relations personnelles dans la culture chinoise, et être prêt à travailler dans un environnement où les règles sont suivies à la lettre.
En Guinée, le capitaine Moussa Dadis Camara qui a pris le pouvoir en 2008, à la suite d'un coup d'État, a dirigé le pays pendant un an avant d'être gravement blessé lors d'une tentative d'assassinat en décembre 2009. Il a été évacué au Maroc pour recevoir des soins médicaux, laissant le pays entre les mains de ses proches.
Parmi ses proches, Claude Pivi, également connu sous le nom de "Coplan", était un des plus influents. Il était le chef de la sécurité présidentielle et avait une grande influence sur les décisions prises par Dadis Camara. Pivi était considéré comme un homme violent et brutal, impliqué dans des affaires de violations des droits de l'homme et de trafic de drogue. Après le départ de Dadis Camara, la Guinée était dans une situation politique instable. Les militaires qui avaient pris le pouvoir étaient en désaccord sur la façon de gérer le pays. Certains voulaient organiser des élections rapidement tandis que d'autres voulaient rester au pouvoir pendant une période plus longue.
C'est dans ce contexte que le général Sékouba Konaté est arrivé au pouvoir en tant que président par intérim. Il était considéré comme un homme modéré et respecté dans l'armée guinéenne. Konaté a rapidement pris des mesures pour rétablir l'ordre et la stabilité dans le pays. Il a nommé un nouveau gouvernement, libéré des prisonniers politiques et a organisé des élections présidentielles et législatives en 2010. Ces élections ont été remportées par Alpha Condé, qui est devenu le premier président démocratiquement élu de la Guinée.
Konaté a ensuite remis le pouvoir à Condé et s'est retiré de la vie politique. Il est considéré comme un héros en Guinée pour avoir aidé à mettre fin à la dictature de Dadis Camara et pour avoir ramené la stabilité dans le pays.
En 2010, Alpha Condé est élu président de la République de Guinée après plusieurs décennies de régimes autoritaires et de coups d'État. Il est le premier président démocratiquement élu de l'histoire du pays.
Son arrivée au pouvoir est accueillie avec beaucoup d'espoir par la population guinéenne. Alpha Condé a promis de lutter contre la corruption, de réformer

l'économie, d'améliorer les conditions de vie des Guinéens et de renforcer la démocratie.
Son premier mandat est marqué par des difficultés économiques, des tensions politiques et sociales et des violations des droits de l'homme. En 2015, il remporte sa réélection contesté par l'opposition. Les manifestations de l'opposition sont violemment réprimées par les forces de sécurité, faisant plusieurs morts et blessés.
Au cours de son deuxième mandat, Alpha Condé poursuit ses réformes économiques, notamment en ouvrant le pays aux investissements étrangers. Ces réformes sont critiquées pour leur manque de transparence et leur impact sur les populations locales.
En parallèle, les tensions politiques s'intensifient alors que l'opposition accuse Alpha Condé de vouloir modifier la Constitution pour se maintenir au pouvoir. En 2019, il organise un référendum constitutionnel contesté qui lui permet de briguer un troisième mandat.
Les élections présidentielles qui suivent en octobre 2020 sont marquées par des violences et des accusations de fraude électorale. Alpha Condé est déclaré vainqueur, mais l'opposition et la société civile contestent les résultats. Le 5 septembre 2021, le colonel Mamady Doumbouya mène un coup d'État militaire et renverse Alpha Condé. Ce dernier est arrêté et placé en résidence surveillée. Le coup d'État est condamné par la communauté internationale, qui appelle à la libération d'Alpha Condé et au retour à l'ordre constitutionnel.
C'est après toutes ses informations reçues, je m'inquiéter beaucoup pour ma mère.
Il est difficile de mettre en mots l'amour et le soutien qu'une mère peut apporter à son enfant. Même si la distance physique peut être grande, l'amour d'une mère reste présent dans le cœur de son enfant. Loin de ma mère. Mais cela ne m'empêche pas de ressentir l'amour et le soutien de ma mère, qui sont toujours présents dans mon cœur. Même si elle est loin physiquement, ma mère est toujours là pour moi.
L'amour d'une mère est souvent inconditionnel. Peu importe les erreurs que son enfant peut commettre, une mère sera toujours là pour lui, prête à l'aider et à le soutenir. Cet amour est tellement fort qu'il peut traverser les frontières et les distances.
Je suis reconnaissant envers ma mère pour tout ce qu'elle a fait pour moi. Je sais que ma mère m'aime profondément et qu'elle sera toujours là pour moi, peu importe où je me trouve dans le monde. L'amour maternel peut être comparé à une lumière qui brille dans l'obscurité. Même si tout semble sombre et désespéré, cette lumière est toujours là pour éclairer le chemin de son enfant. Cette lumière peut être comparée à l'amour inconditionnel d'une mère.
Dans le souci de continué mes études universitaires, en 2012, j'ai fait mes débuts à Atlantic International University (AIU) pour les cours à distance en markéting. Car, AIU est une université en ligne qui offre des programmes

d'études à distance pour les étudiants du monde entier. Le programme de marketing est conçu pour fournir les compétences et les connaissances nécessaires pour réussir dans le domaine du marketing.
Le programme de marketing d'AIU est structuré de manière à ce que vous puissiez étudier à votre propre rythme et selon votre propre horaire. Vous aurez accès à des cours en ligne, des lectures, des vidéos, des discussions en groupe et des évaluations pour vous aider à apprendre les principes fondamentaux du marketing.
Les cours couvrent un large éventail de sujets, notamment la recherche de marché, la gestion de la marque, la publicité, les relations publiques, la vente au détail, le commerce électronique et le marketing international. Vous apprendrez également les compétences pratiques telles que la planification stratégique, la gestion de projet et l'analyse de données.
En tant qu'étudiant à distance, vous aurez accès à des tuteurs en ligne pour vous aider à résoudre les problèmes et répondre à vos questions. Vous pouvez également participer à des forums en ligne pour discuter avec d'autres étudiants et partager vos idées et vos expériences. Une fois que vous avez terminé le programme de marketing, vous serez prêt à poursuivre une carrière dans le domaine du marketing ou à poursuivre des études supérieures. Les diplômés d'AIU ont trouvé du travail dans une variété de secteurs tels que la publicité, le marketing numérique, la gestion de marque et la recherche de marché. J'ai compléter en 2014.
L'arrivée des téléphones Android a révolutionné la façon dont les gens communiquent entre eux. Grâce à ces appareils intelligents, il est possible d'envoyer des messages, de passer des appels, de partager des photos et des vidéos, et d'accéder à une multitude de services en ligne. Mais, pour certaines personnes, l'adaptation à cette nouvelle technologie n'est pas toujours facile.

C'est le cas de ma mère, qui n'a jamais eu de téléphone portable avant que je lui offre mon premier Androïde. Je pensais lui faire plaisir en lui permettant de rester en contact avec moi et avec le reste de la famille, mais je ne me doutais pas des difficultés qu'elle allait rencontrer. Elle a eu du mal à comprendre le fonctionnement du téléphone. Elle ne savait pas comment allumer l'écran, déverrouiller le clavier, composer un numéro ou accéder aux applications. Elle était perdue dans les menus et les paramètres, et elle avait peur de faire une mauvaise manipulation.

Ensuite, elle a été déconcertée par la notion de crédit et de forfait. Elle ne comprenait pas pourquoi elle devait payer pour envoyer des messages ou pour utiliser internet. Elle pensait que le téléphone était gratuit une fois acheté, et elle ne voyait pas l'intérêt de dépenser de l'argent pour communiquer. Elle a été déçue par la qualité des échanges. Elle trouvait que les messages étaient trop courts et impersonnels, et que les appels étaient souvent coupés ou parasités. Elle avait l'impression de parler à un robot plutôt qu'à son fils, et elle se sentait isolée et frustrée.

C'est pourquoi, quand je lui ai envoyé mon numéro de téléphone après avoir changé d'appareil, elle n'a pas hésité à parcourir des kilomètres à la recherche du réseau pour me joindre. Elle voulait me parler face à face, me prendre dans ses bras, me raconter ses histoires et écouter les miennes. Elle voulait retrouver le contact humain qui lui manquait tant. J'ai été surpris et touché par son geste. Je me suis rendu compte que je l'avais négligée et que je n'avais pas été assez patient avec elle. Je lui ai expliqué que je l'aimais et que je voulais rester en contact avec elle, mais que je n'avais pas toujours le temps ou la possibilité de la voir. Je lui ai montré comment utiliser son téléphone plus facilement et comment profiter des avantages qu'il offrait.

Depuis ce jour, nous communiquons plus régulièrement et plus efficacement. Nous nous envoyons des messages pour nous donner des nouvelles, nous nous appelons pour discuter plus longuement, et nous nous partageons des photos et des vidéos pour nous montrer nos activités. Nous avons trouvé un équilibre entre la technologie et l'émotion.

Les téléphones Androïdes sont des outils merveilleux qui facilitent la communication entre les gens. Mais ils ne remplacent pas le contact humain qui est essentiel pour maintenir une relation saine et heureuse. Il faut savoir les utiliser avec modération et respecter les besoins et les préférences de chacun.

Moussa Dadis Camara, ancien chef d'État exilé au Burkina Faso, a perdu sa mère et a décidé de se rendre en Guinée pour assister aux funérailles.

Son retour en Guinée a suscité des inquiétudes quant à ses intentions politiques. Pendant son mandat, Moussa Dadis Camara a été impliqué dans de violents affrontements en Guinée, et de nombreux Guinéens craignent qu'il ne cherche à reprendre le pouvoir.

Malgré ces inquiétudes, Dadis a insisté sur le fait qu'il n'avait aucune intention de s'impliquer dans la politique guinéenne. Il a déclaré qu'il était simplement venu rendre hommage à sa mère et saluer ses amis et sa famille. Après avoir passé quelques jours en Guinée, Dadis est retourné au Burkina Faso. Sa visite en Guinée a suscité des débats et des discussions sur la situation politique dans le pays, ainsi que sur son avenir.

Selon les informations lorsqu’il a perdu sa mère alors qu'il était au Burkina Faso, le gouvernement d'Alpha Condé a décidé d'envoyer un avion pour récupérer son corps. Cependant, Dadis a refusé cette offre et a plutôt choisi de traverser le Libéria pour rentrer en Guinée.

A son retour, il a repris le même chemin vers le Burkina Faso. La décision de refuser l'offre du gouvernement de récupérer le corps de sa mère pourrait être considérée comme un signe de tension entre Dadis et le gouvernement guinéen. Il met également en évidence la complexité de la situation politique en Guinée, où les divisions et la méfiance sont encore profondes entre les différentes factions.

Monrovia est la capitale du Liberia, située sur la côte ouest de l'Afrique. La ville est divisée en plusieurs quartiers, chacun ayant sa propre culture et son propre style de vie. L'un de ces quartiers est Westpoint, qui est considéré comme l'un des plus pauvres et des plus dangereux de la ville. Lorsque je suis arrivé à Westpoint, j'ai immédiatement ressenti un certain malaise en raison de l'atmosphère tendue qui y régnait. Les rues étaient bondées de gens qui semblaient être dans une situation difficile, et je me suis rendu compte que je devais rester vigilant pour éviter les problèmes. Ma sécurité a commencé à m'inquiéter lorsque j'ai vu les amis de Kalas, que j'avais reconnus lors de mon arrestation précédente. J'ai réalisé que je pouvais être en danger si je restais dans le quartier, alors j'ai décidé de partir pour Clara Town.

Clara Town est un autre quartier de Monrovia, situé à environ 30 minutes en voiture de Westpoint. Contrairement à Westpoint, Clara Town est considéré comme un quartier plus sûr et plus tranquille. J'ai pu me détendre un peu plus ici et profiter de la vie locale. Je ne suis pas resté longtemps à Clara Town car j'avais prévu de me rendre à Buchanan, la deuxième ville du Liberia.

Buchanan est situé à environ 3 heures de route de Monrovia et est connu pour son port et ses mines de diamants. En arrivant à Buchanan, j'ai été frappé par la beauté de la ville. Les rues étaient propres et les bâtiments étaient bien entretenus. J'ai également remarqué que les gens semblaient plus heureux et plus détendus ici qu'à Monrovia. J'ai passé plusieurs jours à Buchanan, explorant la ville et ses environs. J'ai visité le port, où j'ai vu des bateaux de pêche arriver et partir.

En tant que Guinéen vivant au Liberia, j'ai toujours été conscient des tensions entre les deux pays voisins. Ces tensions ont atteint un niveau inquiétant. Les relations entre les deux pays ont été tendues depuis des décennies en raison de conflits frontaliers, de la migration illégale et de la concurrence économique. Ces derniers mois, la situation s'est aggravée avec l'épidémie d'Ebola qui a touché les deux pays. Les autorités libériennes ont accusé les Guinéens d'avoir introduit le virus dans leur pays, ce qui a entraîné des tensions supplémentaires entre les deux communautés.

Les Guinéens vivant au Liberia ont été victimes de discrimination et de stigmatisation, ce qui a rendu leur vie quotidienne difficile. J'ai commencé à craindre pour ma sécurité. J'ai entendu parler de violences et d'attaques contre des Guinéens dans certaines parties du pays. J'ai également vu des messages haineux sur les réseaux sociaux et des commentaires désobligeants à l'encontre des Guinéens. J'ai essayé de rester calme et de ne pas paniquer, mais j'ai réalisé que je ne pouvais pas ignorer cette situation. J'ai commencé à envisager de quitter le Liberia pour chercher refuge dans un autre pays. J'ai parlé à ma famille et à mes amis pour obtenir leur avis, et nous avons finalement décidé qu'il était préférable pour moi de partir.

Le processus de départ n'a pas été facile. J'ai dû vendre mes biens et dire au revoir à mes amis. J'ai également dû trouver un moyen sûr de quitter le pays, car je ne voulais pas risquer ma vie en traversant des zones de conflit ou en étant pris dans des émeutes. J'ai réussi à quitter le Liberia et à rentrer au Mali. Bien que je sois heureux d'être en sécurité, je suis triste de quitter le Liberia, où j'ai vécu pendant de nombreuses années et où j'ai rencontré des gens formidables. Mais je sais que j'ai pris la bonne décision pour ma sécurité.

Pendant un mois, j'ai eu la chance de passer du temps au Mali en compagnie de mon cousin, qui est chef mécanique. Ce voyage a été une expérience incroyablement enrichissante pour moi, car j'ai pu découvrir une culture et un mode de vie complètement différents de ceux auxquels je suis habitué. Mon cousin m'a accueilli avec une grande générosité et m'a fait découvrir les différentes facettes de son métier. J'ai ainsi pu observer son travail au quotidien, apprendre comment il réparait les voitures et les machines, et comprendre les défis auxquels il était confronté dans son travail.

En plus de cela, j'ai également pu découvrir la vie quotidienne au Mali. J'ai visité des marchés locaux, goûté à la nourriture traditionnelle, et rencontré des gens incroyablement chaleureux et accueillants. J'ai également été impressionné par la richesse de l'histoire et de la culture du pays, ainsi que par sa beauté naturelle. Bien sûr, il y avait aussi des défis à relever. Le climat était chaud et sec, ce qui rendait les journées parfois difficiles.

De plus, il y avait des problèmes de sécurité à prendre en compte, notamment en raison de la présence de groupes terroristes dans certaines régions du pays. Cependant, mon cousin était très attentif à ma sécurité et m'a aidé à naviguer dans ces situations. C’est à Bamako que j’ai pris la décision de partir en Europe sans dire à ma mère.

En prenant la décision de partir en Europe sans la dire à ma mère, j'ai été confronté à un choix difficile.

D'une part, je voulais poursuivre mes rêves et explorer de nouveaux horizons, mais d'autre part, je savais que cela causerait de la douleur et de l'inquiétude à ma mère. Cette décision a été influencée par plusieurs facteurs.

Tout d'abord, j'avais toujours été fasciné par l'Europe et sa culture. Je voulais découvrir de nouveaux paysages, apprendre de nouvelles langues et rencontrer de nouvelles personnes. De plus, j'avais des amis et des connaissances qui avaient déjà voyagé en Europe et qui m'avaient encouragé à faire de même. Cependant, il y avait aussi des facteurs négatifs qui ont contribué à ma décision. J'avais vécu des expériences difficiles dans mon pays d'origine, notamment des problèmes de sécurité et de corruption. J'avais également été confronté à des obstacles dans mes études et ma carrière, ce qui avait affecté ma confiance en moi et ma motivation.

En fin, j'ai décidé de partir en Europe sans dire à ma mère pour plusieurs raisons. Tout d'abord, je ne voulais pas la faire souffrir en lui disant que je partais loin d'elle. Je savais que cela lui causerait de l'inquiétude et du stress, et je ne voulais pas lui imposer cela. De plus, je pensais que si je réussissais en Europe, cela pourrait lui donner une fierté et une satisfaction supplémentaires. Cette décision a également eu des conséquences négatives. Ma mère a été extrêmement inquiète et triste lorsque j'ai disparu sans la prévenir. Elle a passé des jours et des nuits à chercher de me joindre sur le nouveau numéro du Mali que je venais de l'envoyé, sans savoir où j'étais ni si j'étais en sécurité.

Cette expérience a été très difficile pour elle, et je regrette profondément de lui avoir causé cette douleur. Il est important de communiquer avec les personnes que nous aimons et de leur faire savoir nos intentions, même si cela peut être difficile ou inconfortable. La communication ouverte et honnête peut aider à éviter les malentendus et les souffrances inutiles. Dans le futur, je vais m'efforcer d'être plus transparent avec ma mère et de lui parler de mes projets et de mes aspirations. Je vais également essayer de la rassurer en lui faisant comprendre que je prends des précautions pour assurer ma sécurité et mon bien-être. Je veux que ma mère sache que je l'aime et que je tiens à elle, même si je poursuis mes rêves à l'étranger.

Le Mali est un pays d'Afrique de l'Ouest qui est souvent considéré comme le point de départ de la souffrance des migrants sub-sahariens. Les migrants qui cherchent à se rendre en Europe ou dans d'autres pays africains traversent le Mali, mais les conditions de vie et de voyage sont souvent très difficiles. Le pays est confronté à une instabilité politique et à une insécurité croissante, notamment en raison de la présence de groupes terroristes et de bandes armées dans certaines régions.

Les migrants sub-sahariens sont souvent victimes d'abus et de violences de la part des passeurs et de trafiquants qui exploitent leur vulnérabilité. Ces derniers leur promettent un passage sûr vers l'Europe ou d'autres destinations, mais en réalité, ils les abandonnent souvent en plein désert ou les retiennent en otage pour obtenir une rançon. Les migrants doivent également faire face à des conditions climatiques extrêmes dans le désert du Sahara, avec des températures pouvant dépasser les 50 degrés Celsius pendant la journée et tomber en dessous de zéro la nuit. Les ressources en eau et en nourriture sont également rares dans ces régions reculées, ce qui rend le voyage encore plus difficile et dangereux. La situation des migrants sub-sahariens est particulièrement difficile lorsqu'ils traversent le Mali.

Les policiers et les gendarmes prennent l'argent des migrants en complicité avec les chauffeurs de bus à chaque point de contrôle. Tu as le passeport ou pas tu vas payer la somme demandée, au cas contraire le chauffeur part et te laisser.

Mais il est important de noter que tous les policiers, gendarmes et militaires ne sont pas corrompus. Il y en a beaucoup qui font leur travail avec intégrité et dévouement, et qui risquent leur vie tous les jours pour protéger les citoyens. Il est important de ne pas généraliser et de ne pas stigmatiser l'ensemble des forces de l'ordre à cause des actions de quelques-uns.

Les migrants subissent toute sortie de mauvais traitement, ce qui ajoute encore plus à leur souffrance. Malgré ces défis, de nombreux migrants continuent de traverser le Mali pour atteindre leur destination finale. Ils sont souvent motivés par la pauvreté, le chômage et l'absence de perspectives d'avenir dans leur pays d'origine. La plupart des migrants viennent d'autres pays d'Afrique de l'Ouest, tels que le Sénégal, la Guinée, la Côte d'Ivoire, le Nigeria et le Ghana…

Le désert est une zone inhospitalière et dangereuse pour les êtres humains, en particulier pour les migrants qui tentent de traverser le désert pour atteindre l'Algérie ou la Libye. Les difficultés rencontrées par les migrants sur cette route sont nombreuses et variées, allant de la chaleur extrême, aux pénuries d'eau et de nourriture en passant par les risques d'attaques de bandits et de trafiquants. Le voyage commence souvent dans des villes du Niger, où les migrants se rassemblent dans l'espoir de trouver des passeurs pour les aider à traverser la frontière. Les passeurs sont souvent des individus peu scrupuleux qui profitent de la vulnérabilité des migrants pour leur extorquer de l'argent et les mettre en danger.

Une fois que les migrants ont payé leur passage, ils sont emmenés dans des zones reculées du désert, où ils sont abandonnés à leur sort. Les passeurs leur donnent souvent une petite quantité d'eau et de nourriture pour les aider à survivre, mais cela ne suffit pas pour un voyage qui peut durer plusieurs jours. La chaleur est l'un des plus grands défis auxquels ils sont confrontés. Ce qui rend difficile la gestion des vêtements et des abris. Les migrants doivent également faire face à des tempêtes de sable qui peuvent durer des heures et rendre la marche encore plus difficile. Les pénuries d'eau sont une autre source de souffrance pour les migrants. Ils doivent souvent boire de l'eau sale ou contaminée par des animaux morts ou des déchets humains, ce qui peut causer des maladies graves.

De nombreux migrants souffrent également de déshydratation et de coups de chaleur, qui peuvent être mortels. Les risques d'attaques de bandits et de trafiquants sont également élevés sur cette route. Les migrants sont souvent volés, battus ou violés par des groupes armés qui cherchent à profiter de leur vulnérabilité. Les femmes et les enfants sont particulièrement exposés à ces risques, car ils sont souvent considérés comme des cibles faciles.

Les difficultés rencontrées par les migrants sur le désert entre le Niger et l'Algérie sont nombreuses et variées. Les conditions extrêmes du désert, la pénurie d'eau et de nourriture, ainsi que les risques d'attaques de bandits et de trafiquants font de cette route un véritable enfer pour ceux qui tentent de la traverser. Il est important que les gouvernements et les organisations internationales travaillent ensemble pour trouver des solutions pour aider ces migrants à atteindre leur destination en toute sécurité.

Mon terrible voyage du désert a commencé à Arlite, la dernière ville après Agadez. Mon argent était fini, j'ai dû vendre mon ordinateur portable et mon téléphone pour payer les passeurs. Niamey, Agagez et Arlite sont souvent les villes où les migrants se ressemblent dans l'espoir de trouver des passeurs pour les aider à traverser la frontière.

La nuit après avoir rempli toutes les formalités, on a bougé le lendemain à l'aube. On savait tous que la traversée du désert était une épreuve difficile pour nous qui cherchons à rejoindre l'Europe depuis l'Afrique. Pourtant, malgré les dangers et les risques, nous sommes nombreux à tenter cette aventure périlleuse, souvent au péril de notre vie. Parmi les moyens de transport utilisés pour traverser le désert, les pick-up sont très populaires. Mais pourquoi nous préférons voyager ainsi, entassés les uns sur les autres ?

Tout d'abord, il faut savoir que la traversée du désert est très coûteuse. Nous devons payer des passeurs pour organiser le voyage et c'est à eux de nous fournir un moyen de transport. Les pick-up sont souvent moins chers que d'autres moyens de transport, comme les camions ou les bus. De plus, ils permettent de transporter un grand nombre de personnes en même temps, ce qui réduit les coûts pour chacun. Ensuite, les pick-up sont très pratiques pour traverser le désert. Ils sont robustes et peuvent rouler sur des terrains difficiles. Nous pouvons donc emprunter des routes non goudronnées et éviter les postes de contrôle des autorités. Les pick-up sont rapides et permettent de parcourir de grandes distances en peu de temps. C'est un avantage considérable pour nous qui cherchons à échapper aux patrouilles de police ou aux bandes criminelles. Les pick-up sont très flexibles.

Les passeurs peuvent facilement modifier leur itinéraire en fonction des circonstances. Par exemple, s'ils apprennent qu'il y a des contrôles de police sur une route donnée, ils peuvent changer de direction et emprunter une autre route. Les pick-up permettent donc aux passeurs de s'adapter rapidement aux situations imprévues et de contourner les obstacles. Mais pourquoi nous sommes souvent entassés les uns sur les autres dans les pick-up ?

La réponse est simple : il n'y a pas assez de place pour tout le monde. Les pick-up sont souvent surchargés, avec des dizaines de personnes entassées à l'arrière. On doit s'asseoir les uns sur les autres, parfois même à même le sol du véhicule. C'est une situation très inconfortable et dangereuse, car en cas d'accident, les blessures peuvent être graves, voire mortelles.

Malgré ces risques, nous préférons utiliser les pick-up pour traverser le désert. Pour nous, c'est un moyen de fuir la pauvreté, la guerre ou la répression politique dans nos pays d'origine. Nous sommes prêts à prendre tous les risques pour atteindre notre objectif : rejoindre l'Europe et y trouver une vie meilleure. Mais malgré ses risques et l'argent payé, ils nous ont amenés dans une zone très reculé du désert où ils nous ont abandonnées à notre sort. Le chauffeur est sorti avec une arme en main et nous a dit qu'on est à la frontière entre le Niger et l'Algérie et qu'il ne peut pas franchir cette limite. Il nous a donné quelques bidons d'eau et un peu de nourriture puis il nous a souhaité bonne chance et il est parti.

Il savait que ces bidons d'eau et cette nourriture ne suffisaient pas pour un voyage qui pouvait durer plusieurs jours. Or, parmi nous il y avait d'autres qui avaient payé leur passage de Bamako pour l'Italy et d'autres de Bamako pour la Libye. J'étais parmi ceux qui avaient payé d'Arlite pour Tamaraset.

On était tous regrouper ici au milieu du désert. La chaleur l'un des grand défis auxquels on a été confronté. Ce qui a rendu difficile la gestion des vêtements. On a également fait face à des tempêtes de sable qui pouvait endurer des heurs et rendre la marche encore plus difficile. La pénurie d'eau a été une source de souffrance pour nous, dont parmi nous certain ont décidé de boire de l'eau contaminée par des animaux morts, ce qui a causer des maux de ventre difficile à certains comme le cas de Diop et Aminata Coulibaly (Ami qu'on l'appelait), elle est décédé le même jour et Diop le lendemain. Ces deux sont morts avec beaucoup de rêve et d'espoir d'atteindre leur objectif. Leurs rêves ont pris fin au milieu du désert, loin de leurs parents et amis.

Le lendemain avant la soirée, un pick-up se dirigea vers nous, à bord 4 hommes aux boubous blancs et en main les armes de guerre. Les mouchoirs entourés autour des têtes qui laissaient montrer seulement les yeux. A leur arrivé chacun de nous était effrayé, ils nous départager sans même nous salué, les hommes de côté et femmes de l'autre côté. Ils ont demandé à chacun de vidée le contenu de ses poches. Chacun a donné ce qu'il avait.

Heureusement pour moi j'avais une autre somme cachée qui n'a pas été retrouvé. Ceux qui n'avaient plus rien ont été misent de côté. Ils leurs ont dit de se déshabillé nulle, hommes et femmes. Les hommes ont été frappés et les femmes ont été violées suivi par autres mauvais traitements.

Et là, je ne pouvais pas sortir d'autres argent pour payer à la place de quelqu'un, je risquerais même de mettre ma vie en danger. Après ils ont confisqué leurs habits et partir en les laissant nus. Entre nous, chacun a dû enlever une chemise pour les données. Cette expérience m'a traumatisé tout au long du voyage. La traversée du désert est une épreuve difficile pour les migrants surtout les femmes.

Elles sont particulièrement vulnérables pendant ce périple. Les viols et les atrocités sur elles dans le désert sont monnaie courante et constituent une tragédie humaine qui doit être dénoncée. Les femmes migrantes sont souvent victimes de violences sexuelles lors de leur voyage à travers le désert. Ces violences peuvent être commises par des passeurs, des bandes criminelles ou même d'autres migrants. Les femmes sont souvent considérées comme des proies faciles et sans défense, ce qui les expose à des risques importants. Les agresseurs profitent de leur vulnérabilité pour les violer, les battre ou les voler. Ces violences ont des conséquences dramatiques pour les femmes. Elles peuvent subir des traumatismes psychologiques importants, des blessures physiques graves, ou encore contracter des maladies sexuellement transmissibles.

De plus, ces violences peuvent les empêcher de poursuivre leur voyage et les contraindre à retourner dans leur pays d'origine, où elles risquent d'être stigmatisées et rejetées par leur communauté. Ces violences ne sont pas seulement le fait de quelques individus isolés. Elles sont souvent le résultat d'une culture de la violence et de l'impunité qui règne dans certaines régions du désert. Les autorités locales sont souvent corrompues et complices de ces crimes, ce qui rend la situation encore plus difficile pour les femmes.

Face à cette situation dramatique, il est essentiel de prendre des mesures pour protéger les femmes migrantes. Les gouvernements doivent renforcer la lutte contre les passeurs et les bandes criminelles qui exploitent les migrants. Ils doivent également mettre en place des programmes d'assistance pour les femmes victimes de violences, en leur offrant un soutien psychologique, médical et juridique. Les organisations non gouvernementales (ONG) doivent également joué un rôle crucial dans la protection des femmes migrantes. Elles peuvent offrir des abris temporaires, des soins médicaux et une assistance juridique aux femmes victimes de violences. Elles peuvent également sensibiliser les communautés locales aux droits des femmes migrantes et lutter contre les stéréotypes sexistes qui les rendent plus vulnérables. Il faut aussi souligner que la lutte contre les violences faites aux femmes migrantes ne peut être menée qu'à travers une approche globale et coordonnée. Les gouvernements, les ONG, les communautés locales et les migrants eux-mêmes doivent travailler ensemble pour mettre fin à cette tragédie humaine. Il est essentiel de protéger les droits et la dignité des femmes migrantes, qui cherchent simplement à construire une vie meilleure pour elles-mêmes et leur famille.

Après avoir été attaquée par des criminels dans le désert, je savais que je devais agir rapidement pour aider les femmes qui étaient avec nous. Elles étaient fatiguées après une longue marche et avaient besoin d'aide. J'ai pris la décision d'aller chercher un véhicule pour les transporter en lieu sûr.

Alors que je partais en mission, j'étais rempli d'anxiété et de peur. Je ne savais pas ce qui pouvait les arriver ou si elles étaient toujours en danger avant que je n'arrive. Le voyage a été long et semé d'embûches, mais j'ai avancé, déterminé à les retrouver.

Après une longue distance parcourus dans le désert sans trace humain ni de route, une landcrusher s'est diriger tout droit sur moi. J'ai eu peur, je pensais que c'était les mêmes personnes qui nous ont attaqués. Je me suis arrêté. Et là, pas d'endroit pour se caché tout est désert. A l'intérieur une seule personne, le chauffeur. Il a garé juste à mon niveau. Où sont tes amis ?

Il me demanda ; ils sont derrière, je suis venu chercher un véhicule pour aller les prendre. Les femmes sont trop fatiguées à marcher, je lui ai répondu. Il m'a demandé de monter on va les chercher. Il avait le visage sourient et gentille.

Contrairement à ceux qui nous ont attaqués, il avait le visage démasqué et pas de signe de méchanceté. Il m'a donné de l'eau à boire. Mais brusquement je me suis posé ses questions : Comment il a su que j'étais avec les amis ? Est-ce qu'il ne fait pas parti de ceux qui nous ont attaqués ? Mais je me suis dit qu'il a peut-être regretté son acte. Je suis arrivé à l'endroit où j'avais laissé les amis. Mais à ma grande horreur, ils étaient introuvables. Il n'y avait aucun signe de lutte ni aucune indication de ce qui leurs étaient arrivé. J'ai cherché dans les environs, criant leurs noms, mais il n'y avait pas de réponse. C'était comme s'ils s'étaient volatilisés. J'ai sentis un sentiment de panique monter en moi. Que leur était-il arrivé ? Étaient-ils encore vivants ?

J'ai décidé de revenir sur nos pas et de voir si je pouvais trouver des indices sur leur localisation. Alors que je marchais, j'ai remarqué des traces de pneus qui s'éloignaient vers l'endroit où nous avions été attaqués. Se pourrait-il que les criminels aient emmené les amis avec eux ?

J'ai suivi les pistes, mon cœur battant de peur et d'anticipation. Après ce qui m'a semblé être des heures, je suis finalement tombé sur la ville d'In Guezzam. C'est là que j'ai vu les femmes, saines et sauves. Ils avaient été recueillis par un autre chauffeur qui avait entendu leur appel à l'aide. Les femmes étaient épuisées mais indemnes. J'ai senti un sentiment de soulagement m'envahir lorsque j'ai réalisé qu'ils étaient en sécurité.

Nous sommes restés dans cette ville pour quelques jours, nous reposant et récupérant de notre calvaire. Alors que nous étions entrains de pensé sur la suite du voyage, je n'ai pas pu m'empêcher de réfléchir aux événements qui s'étaient produits sur le désert. Cela avait été une expérience déchirante, mais cela m'avait également appris l'importance d'être préparé et de réfléchir rapidement dans des situations dangereuses. J'étais reconnaissant pour le résultat et le fait que nous nous en soyons tous sortis vivants. C'était un rappel que la vie est précieuse et que nous ne devrions jamais la prendre pour acquise.

In Guezzam, une petite ville de la province algérienne de Tamanrasset, se trouve au cœur du désert du Sahara. C'est une région éloignée et peu peuplée, avec seulement quelques milliers d'habitants. La ville est située près de la frontière avec le Niger, ce qui en fait un lieu stratégique pour la contrebande et les activités illégales. La route d'In Guezzam à Tamarraset est longue, traversant certains des terrains les plus inhospitaliers de la planète. La route est semée d'embûches, notamment de bandits, de contrebandiers et de militants. La route est également très surveillée par les militaires algériens, qui sont à l'affût de toute activité suspecte. Pour éviter d'être repérés par les autorités, ceux qui empruntent cette route doivent emprunter des détours et des itinéraires alternatifs. Ces détours peuvent ajouter des heures voire des jours au trajet, mais ils sont nécessaires pour éviter les points de contrôle et les patrouilles. L'une des menaces les plus importantes sur cette route est le risque d'être kidnappé par des criminelles et les passeurs.

La région est connue pour ses niveaux élevés d'enlèvements et de demandes de rançon. Malgré ces dangers, j'ai décidé de continuer mon voyage, je n'avais pas de choix. J'étais entre le marteau et l'enclume. Le retour était plus risqué que l'aller. Pour certains, c'est une partie nécessaire de leur vie quotidienne, car ils doivent transporter des marchandises ou du bétail entre les villes. Pour d'autres, c'est une question de survie, car ils dépendent de la contrebande ou d'autres activités illégales pour gagner leur vie.
La honte et l'humiliation sont des émotions très puissantes qui peuvent avoir des effets dévastateurs sur notre vie sociale et personnelle.
Dans mon cas, ces émotions ont été la cause de ma séparation avec mes amis avec qui je voyageais. Tout a commencé lorsque nous avons décidé de continué ensemble jusqu'à Tamanrasset. Nous étions un groupe très proches et nous étions tous très excités à l'idée de découvrir de nouveaux endroits et de vivre des aventures ensemble. Arrivé en Algérie était la première étape, puis continuer en Libye avant de nous embarqué dans le zodiac pour finalement entré en Italie où chacun devrait suivre son chemin.
Dès le début de notre voyage, c'était notre objectif. Mais dans le foyer, j'ai commencé à me sentir très mal à l'aise. J'avais l'impression que les filles étaient toujours traumatisée par ces épreuves, le mauvais traitement inhumaine qu'elles ont été victime dans le désert. J'ai commencé à me comparer à elles, à me mettre à leur place.
Cette comparaison s'est transformée en une véritable obsession. Les filles ont commencé à se critiquer constamment, à se sentir nul et inutile par rapport aux autres filles qui n'ont pas été touchée. Je me suis mis à éviter les situations sociales, à m'isoler et à éviter les conversations avec elles. Je ne voulais pas qu'elles voient à quel point j'étais touché par leur problème. Malheureusement, cette attitude a fini par se retourner contre moi. Elles ont commencé à se rendre compte que quelque chose n'allait pas avec moi. Au lieu de trouver des mots pour les encourager, c'est elles qui ont essayé de m'encourager, de me faire sortir de ma coquille, mais je ne pouvais pas m'en empêcher. J'étais le seul qui parlait même langue qu'elles. J'avais l'impression d'être un fardeau pour elles, durant tout le parcours, elles ne pouvaient pas soulevés la tête pour me regarder et cette pensée m'a rendu encore plus malheureux.
Tout allait bien chez elles jusqu'au jour qu'on a été attaqué. Cet incident a été le point culminant de la honte et de l'humiliation qu'elles ont été victime. Je me suis senti tellement mal que j'ai décidé de quitter le groupe et de partir seul rejoindre d'autres migrants pour continuer le voyage sur Tamanrasset. Je leur ai dit que je ne pouvais plus continuer le voyage avec eux, que les raisons sont personnelles. Les filles ont essayé de me convaincre de rester, mais j'ai refusé. J'étais trop embarrassé pour continuer à voyager avec elles.
La honte et l'humiliation ont coûté une belle expérience de voyage et une amitié précieuse à ses filles. J'ai réalisé que je devais travailler sur moi-même, sur mes insécurités et sur ma confiance en moi. Je ne voulais plus jamais me sentir aussi

faible et vulnérable pour ne pas pouvoir protéger les filles ou les enfants autour de moi contre leur agresseur. J'ai compris que la honte et l'humiliation ne sont pas des émotions à prendre à la légère, et qu'il est important de les affronter et de les surmonter pour pouvoir vivre pleinement sa vie.

La séparation d'un groupe d'amis est toujours difficile, car cela signifie la fin d'une période de partage et de complicité. Pour moi, cette séparation est imminente, et je ne sais pas si nous pourrons se voir ou non. J'étais très proche d'eux. On a partagé des moments forts et des souvenirs inoubliables. La décision de partir seul n'a pas été facile à prendre. J'ai longtemps hésité avant de me résoudre à prendre cette décision.

Pourtant, je savais que c'était la meilleure chose à faire. Pour moi, cette séparation est un nouveau départ. Je me suis senti libéré psychologiquement et prêt à affronter de nouveaux défis. J'étais convaincu que cette décision me permettra d'avancer dans la vie et d'atteindre mon objectif. J'étais conscient que cette séparation n'allait pas être facile à vivre pour moi et pour ses amis.

On sait dit au revoir cette nuit. Je me suis réveillé tôt le matin-là, j'ai pris mon plastique qui contenait juste une chemise, sachant que je devais partir avant que le soleil ne se lève. Je me suis dirigé vers le centre-ville, où j'ai vu un passeur sub-saharien qui m'a conduit dans un foyer où j'ai trouvé d'autres migrants qui attendaient là. Le passeur nous a donné des instructions sur ce que nous devions faire et ne pas faire pendant notre voyage. Il nous a également informés des risques auxquels nous serions confrontés tout au long du chemin. Nous avons attendu dans le foyer pendant plusieurs heures jusqu'à ce que la nuit tombe. C'était le moment de partir. Nous avons tous été rassemblés et avons commencé notre voyage vers Tamanrasset. Nous avons marché pendant des heures dans l'obscurité, en évitant les routes principales et les villes pour éviter d'être repérés. Le voyage était difficile. Nous avons marché sur des terrains accidentés, traversé des rivières et des montagnes. Nous avons également dû faire face à des températures extrêmes, en particulier la nuit où il faisait très froid. Nous avions peu de nourriture et d'eau, mais nous nous sommes aidés mutuellement et avons partagé ce que nous avions. Au bout de plusieurs jours, nous sommes finalement arrivés à Tamanrasset. Nous étions tous épuisés et affamés, mais soulagés d'être arrivés.

Mais à Tamanrasset, ont a été confronté à deux problèmes supplémentaires. Le premier était notre séquestration dans une chambre où chacun était obligé de payé 2000 dinars à part l'argent du chauffeur et celui du passeur. Cette fois, c'est le prix du foyer. Et le deuxième était l'insécurité dans la ville.

Il est difficile de comprendre comment un événement sportif peut causer des morts et des violences entre les gens. Cela s'est produit à Tamanrasset, une petite ville isolée au milieu du désert. La finale de l'Euro 2016 opposait la France et le Portugal. C'était un événement très attendu par les fans de football du monde entier. Mais pour les migrants qui se trouvaient à Tamanrasset, c'était du chaos total après le match.

Des choses ont rapidement dégénéré lorsque certains fans ont commencé à se battre. Les migrants ont été pris au milieu de la mêlée, et certains ont été agressés. Les tensions ont augmenté entre les Algériens et les Sub-sahariens, et cela a conduit à des affrontements violents. Les autorités locales ont tenté de calmer la situation, mais il était trop tard. Les migrants ont été pris pour cibles par certains fans qui cherchaient à se venger de leurs agresseurs. Des pierres ont été lancées, des voitures ont été incendiées et plusieurs personnes ont été blessées et tués. La situation s'est aggravée lorsque la police est arrivée sur les lieux. Ils ont commencé à arrêter des migrants, ce qui a provoqué une réaction violente de la part des autres. Les gens ont commencé à jeter des pierres sur les policiers, et cela a conduit à une confrontation sanglante. C'était un événement tragique. Les autorités locales ont été critiquées pour leur manque de préparation et leur incapacité à contrôler la foule.

Pour les migrants qui ont survécu à cette nuit tragique, cela a été un rappel brutal de la dure réalité de leur situation. Ils ont risqué leur vie pour atteindre Tamanrasset, mais ils ont été pris au milieu d'une situation violente et dangereuse. Cela montre à quel point il est important de traiter les migrants avec respect et dignité, et de leur offrir une chance de trouver une vie meilleure ailleurs.

Notre voyage n'était pas terminé. Nous devions encore traverser plusieurs villes pour atteindre notre destination Alger la capitale. Nous étions un peu plus proches de notre objectif et nous avons continué notre voyage avec l'espoir d'une vie meilleure.

Le voyage de Tamanrasset à Alger est un voyage qui traverse une grande partie du territoire algérien. C'est un voyage qui peut prendre plusieurs heures, voire plusieurs jours, en fonction des conditions de circulation et des arrêts que le bus doit faire en cours de route. Pour les migrants qui cherchent à se rendre à Alger, ce voyage peut être particulièrement difficile. Ils doivent souvent voyager clandestinement, cachés dans des camions ou des voitures, et risquent d'être arrêtés par les autorités à tout moment. C'est dans ce contexte que les gendarmes ont arrêté notre bus à In Amguel. Selon eux, aucun migrant ne devait monter dans le bus pour Alger. Cette décision peut sembler injuste et arbitraire, mais elle s'inscrit dans un contexte plus large de lutte contre l'immigration clandestine en Algérie.

L'Algérie est un pays de transit pour de nombreux migrants qui cherchent à rejoindre l'Europe ou d'autres pays d'Afrique du Nord. Ces migrants viennent principalement d'Afrique subsaharienne, mais aussi d'Asie et du Moyen-Orient. Ils sont souvent victimes de trafiquants qui les exploitent et les font voyager dans des conditions très difficiles. Pour lutter contre cette immigration clandestine, les autorités algériennes ont pris plusieurs mesures. Elles ont renforcé les contrôles aux frontières, notamment avec le Mali et le Niger, et ont lancé des opérations de ratissage dans les régions frontalières. Elles ont également intensifié les contrôles dans les transports en commun, comme les bus

et les trains. C'est dans ce cadre que les gendarmes ont arrêté le bus à In Amguel. Ils voulaient s'assurer qu'aucun migrant ne se cachait à l'intérieur et ne pouvait ainsi poursuivre son voyage vers Alger. Ils nous ont fait descendre du bus puis le bus à continuer sans migrant à bord. Ils nous ont fait retourner à Tamanrasset.
Cette décision peut sembler injuste pour les migrants qui cherchent à fuir la pauvreté, la guerre ou la répression politique dans leur pays d'origine. Mais elle s'inscrit dans une logique de lutte contre l'immigration clandestine, qui est un enjeu majeur pour l'Algérie et d'autres pays de la région. Pour les migrants, cette décision signifie souvent qu'ils doivent trouver d'autres moyens de continuer leur voyage vers Alger ou vers d'autres destinations. Certains choisissent de voyager à pied ou en voiture, en prenant des risques considérables. D'autres restent bloqués dans des villes frontalières comme Tamanrasset, où ils vivent dans des conditions précaires, en attendant de trouver une solution pour poursuivre leur voyage.
A la gare routière assis seul, plusieurs idées venaient remplir ma tête sans trouver une solution et je ne voulais pas me retourné au foyer où je serai obligé de payer. J'ai pris la décision de me faire passer pour étudiant. Mais un obstacle était là, je ne connaissais aucune université à Alger. Je voulais me décourager mais je me suis rapprocher d'un convoyeur et je lui ai expliqué mon problème. Il m'a proposé la même idée. Je suis parti au marché acheter quelques habits. Dans les douches de la gare, je me suis laver, changer puis je suis venu vers le convoyeur. Il m'a présenté au chauffeur du bus comme étudiant qui va poursuivre ses études à Alger. Ce dernier m'a demandé mon passeport, après quelques vérifications, il m'a remis et m'a demandé de m'assoir sur le fauteuil juste derrière lui. Et c'est ainsi j'ai pu voyager jusqu'à Alger. En route, je voyais des centaines de migrants qui marchaient fatigués et désespérés.
L'Algérie, située en Afrique du Nord, a été une destination pour de nombreux migrants des pays voisins tels que le Mali, le Niger et le Burkina Faso. Ces migrants viennent en Algérie à la recherche de travail et de meilleures conditions de vie. Mais les conditions de vie des migrants en Algérie sont souvent éprouvantes et difficiles. L'une des zones où résident les migrants en Algérie est Draria, une banlieue d'Alger. Draria abrite un nombre important de migrants qui vivent dans des logements de fortune et font face à divers défis. Les conditions de vie des migrants à Draria peuvent être décrites comme surpeuplées, insalubres et dépourvues des commodités de base.
Les migrants de Draria vivent souvent dans des quartiers informels, situés à la périphérie de la ville. Ces colonies sont généralement constituées d'abris de fortune construits à partir de matériaux de récupération tels que le carton et le plastique. Les abris sont exigus, plusieurs personnes vivant dans un petit espace. Ce surpeuplement rend difficile pour les migrants de maintenir leur hygiène personnelle et de garder leurs espaces de vie propres.

En plus de la surpopulation, les migrants de Draria sont également confrontés à des défis liés à l'accès à l'eau potable et aux installations sanitaires. De nombreux migrants n'ont pas accès à l'eau courante et doivent compter sur des camions citernes qui passent périodiquement pour livrer de l'eau. Cette eau n'est souvent pas propre et peut entraîner des problèmes de santé tels que la diarrhée et le choléra. En outre, de nombreux établissements informels ne disposent pas d'installations sanitaires adéquates telles que des toilettes et des douches. Ce manque d'installations sanitaires rend difficile pour les migrants de maintenir une hygiène personnelle, ce qui entraîne un risque accru de maladie.
Un autre défi auquel sont confrontés les migrants à Draria est l'accès aux soins de santé. Les migrants n'ont souvent pas accès aux services de santé en raison de leur statut juridique. Ils n'ont pas droit aux services de santé gratuits fournis par le gouvernement algérien. Par conséquent, ils doivent compter sur des prestataires de soins de santé informels qui peuvent ne pas avoir les qualifications ou la formation nécessaires.
Les conditions de vie des migrants à Draria sont également affectées par la discrimination et la xénophobie. Les migrants sont souvent victimes de discrimination de la part de la population locale, ce qui complique leur intégration dans la société. Ils sont souvent considérés comme un fardeau pour la société et blâmés pour les problèmes économiques du pays. Cette discrimination peut conduire à la violence et au harcèlement contre les migrants.
De nombreux migrants sont incapables de trouver un emploi formel en raison de leur statut juridique. Par conséquent, ils doivent compter sur le travail informel comme la vente de marchandises dans la rue ou le travail dans l'économie informelle. Ce travail est souvent mal rémunéré et n'offre ni sécurité d'emploi ni avantages sociaux.
De nombreux enfants migrants n'ont pas accès à l'éducation formelle en raison de leur statut juridique. Ils doivent s'appuyer sur l'éducation informelle dispensée par des organisations non gouvernementales (ONG). Ces ONG n'ont souvent pas les ressources nécessaires pour fournir une éducation de qualité à tous les enfants migrants.
En Algérie, le marché du travail est caractérisé par un taux de chômage élevé. De nombreux travailleurs, notamment des migrants sub-sahariens, trouvent des emplois dans le secteur de la construction. C'est dans ce secteur que j'ai commencé mon premier travail en Algérie, en tant que porteur de briques. Mon travail consistait à transporter le sable et les briques à l'étage où se trouvait le chantier de construction. C'était un travail difficile et physiquement exigeant. Les charges étaient lourdes et il fallait faire plusieurs allers retours pour transporter tout le matériel nécessaire.
De plus, les conditions de travail étaient difficiles, car il faisait très chaud et il n'y avait pas beaucoup d'ombre. Après avoir travaillé comme porteur de briques pendant plusieurs mois, j'ai eu l'opportunité de travailler comme peintre sur un

chantier à Blida. Ce travail était différent de celui de porteur de briques, mais tout aussi exigeant.

En tant que peintre, je devais m'assurer que les murs étaient bien préparés avant de commencer à peindre. Cela impliquait de remplir les trous et les fissures avec du plâtre, puis de poncer et de nettoyer les murs avant de commencer à peindre. Le travail de peintre était moins physique que celui de porteur de briques, mais il nécessitait des compétences spécialisées. Il fallait savoir comment préparer les murs pour la peinture, choisir la bonne couleur et appliquer la peinture uniformément. C'était un travail minutieux qui demandait de la patience et de la précision.

Malgré les défis rencontrés dans le secteur de la construction en Algérie, il y a également des opportunités pour les travailleurs. De nombreux travailleurs, notamment des migrants sub-sahariens, trouvent des emplois dans ce secteur. Cependant, il est important que les travailleurs soient conscients des risques pour leur santé et leur sécurité et cherchent à travailler dans des conditions sûres et équitables.

Le refoulement des migrants en Algérie vers la frontière du Niger est un phénomène qui a suscité de vives réactions de la part de la communauté internationale. Cette pratique consiste à arrêter les migrants qui tentent de traverser le territoire algérien pour se rendre en Europe ou pour chercher du travail dans les pays voisins, puis à les abandonner en plein désert, sans eau ni nourriture. Cette situation est particulièrement préoccupante car elle expose les migrants à des risques énormes, notamment la déshydratation, l'épuisement et même la mort.

Les raisons du refoulement des migrants en Algérie sont multiples et complexes. Tout d'abord, il convient de souligner que l'Algérie est un pays de transit pour de nombreux migrants qui cherchent à rejoindre l'Europe. Ce flux migratoire est alimenté par la pauvreté, le chômage et les conflits dans les pays d'origine des migrants, notamment en Afrique subsaharienne.

Face à cette situation, les autorités algériennes ont adopté une politique de lutte contre l'immigration clandestine, qui consiste à arrêter les migrants et à les renvoyer dans leur pays d'origine ou à les abandonner en plein désert. Cette politique est mise en œuvre par les forces de sécurité algériennes qui patrouillent le long des frontières et dans les zones désertiques.

Cette politique a des conséquences dramatiques pour les migrants qui sont refoulés. Ces derniers sont souvent abandonnés dans des zones reculées et hostiles, sans eau ni nourriture, et exposés aux risques de la nature. De nombreux migrants meurent chaque année dans le désert, faute de secours et d'assistance.

Cette pratique est également critiquée par les organisations de défense des droits de l'homme, qui dénoncent une violation flagrante des droits des migrants. En effet, le refoulement des migrants est contraire aux normes internationales en matière de protection des droits de l'homme et des réfugiés. Les migrants ont

droit à une protection contre les expulsions collectives et à un traitement humain et digne, conformément aux conventions internationales.
Face à cette situation, la communauté internationale a appelé l'Algérie à mettre fin au refoulement des migrants et à respecter les droits de l'homme. Des organisations humanitaires ont également lancé des campagnes pour sensibiliser l'opinion publique aux dangers du désert et pour fournir une assistance aux migrants abandonnés. Mais le résultat, zéro.
Travailler sur un chantier de construction peut être une opportunité pour de nombreux travailleurs migrants de gagner de l'argent pour subvenir aux besoins de leur famille. Il peut aussi s'agir d'un lieu où ces travailleurs sont exploités et maltraités par leurs employeurs. Pour certains travailleurs migrants, leur séjour sur le chantier peut être brusquement et injustement interrompu, comme ce fut le cas pour moi et mes collègues.
Tout a commencé lorsque des rumeurs ont commencé à circuler selon lesquelles les autorités locales avaient décidé de procéder à des expulsions massives de travailleurs migrants. Bien que nous ayons essayé de ne pas y prêter attention, ces rumeurs se sont avérées vraies.
Un matin, alors que nous travaillions, des gendarmes sont arrivés sur le chantier et ont commencé à rassembler tous les travailleurs migrants. Ils étaient brutaux et impitoyables, ne nous laissant même pas le temps de rassembler nos affaires. Nous avons été immédiatement emmenés dans des bus et conduits à la frontière du Niger.
Pendant le voyage, nous avons été traités comme des criminels. Les gendarmes ont confisqué nos téléphones portables et notre argent, nous laissant sans aucun moyen de contacter nos familles ou de subvenir à nos besoins de base. Nous avons été contraints de voyager dans des conditions insalubres et inconfortables, sans nourriture ni eau.
Une fois arrivés à la frontière, nous avons été déposés sans aucune assistance. Nous étions perdus et désorientés, ne sachant pas quoi faire ni où aller. Certains d'entre nous ont essayé de traverser la frontière pour retourner dans leur pays d'origine, mais ont été arrêtés et renvoyés.
Pourquoi avons-nous été expulsés de cette manière ? Pourquoi avons-nous été traités avec tant de cruauté et d'inhumanité ? La réponse est simple : nous étions des travailleurs migrants, considérés comme des étrangers indésirables dans ce pays.
Les travailleurs migrants sont souvent victimes de discrimination et de préjugés, considérés comme des personnes de seconde classe qui ne méritent pas les mêmes droits et protections que les citoyens locaux. Nous sommes souvent exploités et maltraités par nos employeurs, qui profitent de notre vulnérabilité et de notre désespoir.
Mais cela ne justifie pas le traitement inhumain que nous avons subi. Nous sommes des êtres humains, avec des droits et une dignité qui doivent être

respectés. Nous méritons d'être traités avec respect et compassion, et non comme des criminels ou des parias.
Malheureusement, notre expérience n'est pas unique. De nombreux travailleurs migrants dans le monde sont confrontés à des conditions similaires, victimes d'exploitation, de discrimination et de violence. Il est temps que les gouvernements et les employeurs agissent pour protéger les droits des travailleurs migrants et mettre fin à ces pratiques injustes et inhumaines.
Nous avons été forcés de quitter notre lieu de travail sans avertissement ni compensation. Nous avons perdu notre source de revenus et avons été forcés de retourner dans nos pays d'origine sans aucune perspective d'avenir. Mais nous ne devons pas rester silencieux face à cette injustice. Nous devons continuer à lutter pour nos droits et pour un traitement juste et humain de tous les travailleurs migrants.
Après une nuit de marche à travers le désert du Sahara, nous avons finalement réussi à arriver à Arlite où j'ai acheté une carte SIM nigérienne pour utiliser mon téléphone portable que j'avais réussi à cacher aux vus des gendarmes. J'ai appelé un ami au Libéria pour lui expliquer le problème, et il m'a envoyé 200 $, ce qui m'a aidé à me remettre sur pied pour me retourner à Alger dans un véhicule exploité par des passeurs, souvent appelés le auto mafia.
Cette expérience a été traumatisante pour moi et mes collègues, mais elle a aussi renforcé notre détermination à lutter pour nos droits en tant que travailleurs migrants. Nous espérons que notre histoire sera entendue et que des mesures seront prises pour protéger les droits de tous les travailleurs migrants dans le monde.
Les migrants en Algérie sont confrontés à de nombreux défis, notamment en ce qui concerne le transfert d'argent dans leur pays d'origine. Le manque de réglementation et de services financiers adaptés rend cette tâche difficile, voire impossible pour certains.
Les migrants ont souvent besoin d'envoyer de l'argent à leur famille restée dans leur pays d'origine pour subvenir à leurs besoins. Mais les options pour transférer de l'argent sont limitées. Les banques traditionnelles ne sont pas toujours accessibles pour les migrants sans papiers ou sans compte bancaire, et les frais de transfert peuvent être élevés.
Les migrants sont souvent confrontés à des taux de change défavorables lorsqu'ils essaient de transférer de l'argent. Les bureaux de change peuvent offrir des taux de change moins avantageux que ceux du marché noir, ce qui peut entraîner une perte de valeur importante pour les migrants.
De plus, les migrants peuvent être confrontés à des restrictions sur le montant d'argent qu'ils peuvent envoyer à leur famille. Les lois et réglementations locales peuvent limiter les transferts d'argent pour des raisons de sécurité ou pour éviter la fuite de capitaux.
Tout cela crée un environnement difficile pour les migrants qui cherchent à transférer de l'argent dans leur pays d'origine. Ils peuvent être obligés d'utiliser

des canaux non réglementés et risquer d'être victimes d'arnaqueurs ou de perdre leur argent en raison de taux de change défavorables.
Pour résoudre ce problème, il est important que les autorités algériennes travaillent à améliorer l'accès des migrants aux services financiers. Les banques peuvent offrir des comptes bancaires spécifiques pour les migrants, avec des frais de transfert réduits et des taux de change plus favorables.
Les autorités peuvent travailler à améliorer la réglementation des bureaux de change pour garantir des taux de change équitables pour les migrants. Des campagnes de sensibilisation peuvent également être organisées pour informer les migrants des risques associés aux canaux non réglementés et les encourager à utiliser des canaux sûrs et fiables pour transférer de l'argent.
Il est important de reconnaître que les migrants contribuent à l'économie algérienne et qu'ils ont le droit de bénéficier des mêmes services financiers que les autres citoyens. Les restrictions sur les transferts d'argent devraient être levées ou assouplies pour permettre aux migrants de soutenir leur famille et leur communauté dans leur pays d'origine.
La situation des travailleurs sans-papiers est un problème majeur dans de nombreux pays du monde. Ces travailleurs sont souvent contraints de travailler dans des conditions précaires, avec des salaires très bas et sans protection sociale. Ils sont vulnérables aux abus et à l'exploitation, et leur situation les empêche souvent de revendiquer leurs droits.
Cela peut être très difficile pour eux, surtout lorsqu'ils sont loin de leur famille et de leurs proches. Dans mon cas, ma mère me manquait trop et je n'avais pas eu de communication avec elle depuis quelques mois. C'était une situation difficile à vivre pour moi, mais cela m'a motivé à travailler encore plus dur pour pouvoir acheter un téléphone et l'appeler.
J'ai travaillé comme peintre de bâtiment et j'ai finalement reçu mon premier salaire. J'étais fier de moi-même et j'ai immédiatement acheté un téléphone pour appeler ma mère. C'était un moment très émouvant pour moi car j'avais tellement hâte de lui parler et de lui dire que tout allait bien pour moi.
Je ne pouvais pas m'empêcher de penser aux autres travailleurs sans-papiers qui n'ont pas la chance d'avoir les moyens d'acheter un téléphone ou de communiquer avec leur famille. C'est une situation très difficile à vivre pour eux, surtout lorsqu'ils sont loin de chez eux et qu'ils ne peuvent pas voir leur famille pendant des mois, voire des années.
Il faut reconnaître que les travailleurs sans-papiers sont des êtres humains qui méritent d'être traités avec dignité et respect. Ils ont le droit de travailler dans des conditions décentes et d'avoir accès aux protections sociales et aux droits du travail. Les gouvernements doivent travailler à trouver des solutions pour aider les travailleurs sans-papiers à sortir de la précarité et à vivre dans la dignité et l'égalité.
Mon objectif n'était pas atteint, car je devais partir en Libye après un an et demi de travail en Algérie pour traverser la méditerranée. Heureusement pour moi, j'ai

rencontré un homme qui m'a raconté une histoire incroyable de sa vie. Il était originaire d'Algérie et avait été capturé et emprisonné en Libye pendant plusieurs mois. Voici son récit :

Tout a commencé quand il a décidé de quitter l'Algérie pour chercher du travail en Libye. Il avait entendu dire que les opportunités étaient nombreuses là-bas et que les salaires étaient bien meilleurs qu'en Algérie. Il a donc pris la décision de partir, laissant derrière lui sa famille et ses amis.

Au début, tout s'est bien passé. Il a trouvé un emploi dans une usine et a commencé à gagner de l'argent. Mais un jour, alors qu'il rentrait chez lui après le travail, il a été arrêté par la police libyenne. Il ne savait pas pourquoi il avait été arrêté, mais il a été emmené dans une prison locale.

Dans la prison, il a été maltraité et torturé. Les gardiens de prison l'ont battu et l'ont privé de nourriture et d'eau. Il était enfermé dans une petite cellule sombre et humide, sans aucune idée de ce qui allait lui arriver. Il a été interrogé plusieurs fois, mais il n'avait aucune information à donner car il ne savait pas pourquoi il avait été arrêté.

Après plusieurs mois en prison, il a été relâché. Mais ce n'était pas la fin de ses problèmes. Il était maintenant sans travail et sans argent, et il ne pouvait pas retourner en Algérie car il craignait d'être arrêté à nouveau. Il a donc décidé de rester en Libye, dans l'espoir de trouver un travail et de gagner suffisamment d'argent pour pouvoir rentrer chez lui un jour.

Mais la vie en Libye était difficile. Il n'avait pas de travail régulier et devait souvent mendier pour se nourrir. Il a été arrêté plusieurs fois par la police libyenne et a été emprisonné à nouveau. Cette fois, il a été emprisonné pendant plusieurs mois, sans aucune raison apparente.

Après avoir passé plus d'un an en Libye, il a décidé de tenter sa chance sur la Méditerranée. Il avait entendu dire que les chances de réussite étaient faibles, mais il était désespéré et avait besoin de trouver une solution à ses problèmes. Il a donc payé un passeur pour l'aider à traverser la mer.

Malheureusement, sa tentative a été repérée par les gardes libyens et il a été arrêté à nouveau. Cette fois, il a été emprisonné dans des conditions encore pires que la première fois. Il était enfermé dans une cellule avec de nombreuses autres personnes, sans nourriture ni eau. Les gardes de prison le battaient régulièrement et il était constamment en danger.

Après plusieurs semaines en prison, il a finalement été libéré. Mais il avait tout perdu. Son argent avait été emporté par les gardes libyens et il n'avait plus aucun espoir de trouver du travail en Libye. Il a donc décidé de retourner en Algérie, même s'il savait que cela signifiait qu'il risquait d'être arrêté à nouveau.

Finalement, après de nombreux mois de souffrance, il est parvenu à rentrer chez lui en Algérie. Il était épuisé et traumatisé par tout ce qu'il avait vécu en Libye. Mais il était heureux d'être de retour chez lui, même s'il savait que sa vie ne serait jamais la même.

L'histoire de cet homme est une histoire tragique mais inspirante. Elle montre la résilience humaine face à l'adversité et la capacité de l'homme à surmonter les épreuves les plus difficiles. Elle nous rappelle également la cruauté de l'être humain et l'importance de protéger les droits de l'homme partout dans le monde. Les migrants qui tentent leur chance sur la Méditerranée sont souvent confrontés à des conditions inhumaines en Libye et dans d'autres pays de transit. Il est important que la communauté internationale travaille ensemble pour mettre fin à ces pratiques cruelles et pour aider les migrants à trouver des solutions durables à leurs problèmes.

La vente de migrants sub-sahariens en Libye est un autre phénomène choquant et inhumain qui a été largement documenté. Les migrants qui tentent de traverser la Méditerranée pour atteindre l'Europe sont souvent bloqués en Libye, où ils sont soumis à des conditions de vie extrêmement difficiles et dangereuses. Beaucoup d'entre eux sont capturés par des trafiquants d'êtres humains et vendus comme esclaves à des employeurs locaux.

Le problème de la vente de migrants en Libye a été largement médiatisé, lorsque CNN a diffusé une enquête sur les marchés d'esclaves en Libye. Les images choquantes montraient des hommes noirs vendus aux enchères sur un marché, comme s'ils étaient des animaux. Les journalistes ont parlé à des migrants qui avaient été capturés et vendus, et qui ont décrit des conditions de vie épouvantables, avec des violences physiques et sexuelles régulières.

La vente de migrants en Libye est une conséquence directe de la situation chaotique dans le pays. Depuis la chute du président Mouammar Kadhafi en 2011, la Libye est plongée dans une guerre civile qui oppose différents groupes armés. Le pays est divisé en deux gouvernements rivaux, chacun soutenu par des milices locales. Les migrants qui arrivent en Libye sont souvent pris au piège dans ce conflit, pris entre les différents groupes armés et les trafiquants d'êtres humains qui profitent de leur vulnérabilité.

Les trafiquants d'êtres humains en Libye sont souvent des groupes armés qui contrôlent les zones frontalières et les routes migratoires. Ils utilisent la violence pour capturer les migrants et les maintenir en captivité. Les migrants sont souvent détenus dans des centres de détention illégaux, où ils sont soumis à des violences physiques et sexuelles régulières. Les trafiquants d'êtres humains utilisent également les migrants pour des travaux forcés, en les faisant travailler dans des fermes ou des usines sans rémunération.

Les migrants sub-sahariens sont particulièrement vulnérables à la vente en Libye. Ils sont souvent victimes de racisme et de discrimination, car ils sont considérés comme des étrangers et des intrus. Les trafiquants d'êtres humains exploitent cette situation en vendant les migrants comme esclaves à des employeurs locaux, qui les traitent comme des objets plutôt que comme des êtres humains.

La communauté internationale a réagi avec horreur à la vente de migrants en Libye. Les Nations unies ont appelé à une enquête sur les marchés d'esclaves, et ont demandé aux gouvernements de prendre des mesures pour protéger les migrants et mettre fin à la vente d'esclaves. Les organisations humanitaires ont également appelé à une action urgente pour aider les migrants en Libye, en leur fournissant une assistance médicale, alimentaire et juridique.

Malheureusement, la situation en Libye reste très précaire. Les combats entre les différents groupes armés se poursuivent, et les trafiquants d'êtres humains continuent de profiter de la vulnérabilité des migrants. La vente de migrants en Libye est un symptôme de la crise migratoire mondiale, qui nécessite une réponse globale et coordonnée de la part de la communauté internationale. Il est essentiel que les gouvernements travaillent ensemble pour protéger les droits des migrants, et pour mettre fin à la vente d'esclaves en Libye et ailleurs dans le monde.

Après avoir écouté l'histoire de cet homme, j'étais décourager de poursuivre mon voyage vers la Libye. J'ai travaillé pendant un an et demi sur un chantier en Algérie, dans l'espoir de gagner suffisamment d'argent pour subvenir aux besoins de ma famille. J'ai travaillé dur, souvent sous des conditions difficiles, et j'ai été payé régulièrement pendant les premiers mois.

Après quelques mois, mon employeur a commencé à retarder mes paiements. Il a commencé à trouver toutes sortes d'excuses pour justifier le retard, affirmant que l'argent était bloqué dans les banques ou que les problèmes administratifs empêchaient le paiement.

Je suis resté patient pendant un certain temps, espérant que les choses s'arrangeraient. Mais quand plusieurs mois ont passé et que je n'ai toujours pas reçu mon salaire, j'ai commencé à m'inquiéter. J'ai essayé de discuter avec mon employeur à plusieurs reprises, mais il a simplement ignoré mes demandes.

Finalement, j'ai décidé de partir. J'ai acheté un billet d'avion pour rentrer au Maroc. Mais, lorsque je suis arrivé à l'aéroport, j'ai été informé que j'étais interdit de vol. J'ai été choqué et confus. Je ne comprenais pas pourquoi j'étais interdit de vol.

On m'a simplement dit que je devais contacter les autorités algériennes pour en savoir plus. J'ai essayé de contacter les autorités, mais j'ai été confronté à des bureaucrates qui ont refusé de répondre à mes questions.

J'ai finalement compris que j'étais victime d'une pratique courante en Algérie : l'interdiction de vol aux migrants sub-sahariens de l'Algérie pour le Maroc

Cette pratique est illégale et inhumaine. Elle prive les migrants de leur liberté de mouvement. Elle est également discriminatoire, car elle ne s'applique généralement qu'aux migrants.

Je suis resté bloqué en Algérie pendant plusieurs jours, essayant désespérément de trouver une solution. J'ai finalement réussi à obtenir une solution de retourné au Mali puis prendre un autre vol pour le Maroc. Et cela à marcher. C'est comme ça j'ai réussi à quitter l'Algérie.

Cette expérience a été traumatisante pour moi. Elle a également mis en lumière les injustices et les abus que subissent les migrants en Algérie et dans d'autres

pays. Il est temps que les gouvernements prennent des mesures pour protéger les droits des migrants et mettre fin à ces pratiques inhumaines et discriminatoires.
Les travailleurs migrants sont souvent vulnérables aux abus et à l'exploitation. Ils quittent leur pays d'origine dans l'espoir d'une vie meilleure, mais ils se retrouvent souvent confrontés à des conditions de travail difficiles, à des salaires bas et à des violations de leurs droits.
Les gouvernements et les employeurs doivent prendre des mesures pour protéger les droits des travailleurs migrants. Les travailleurs migrants doivent avoir accès à des contrats de travail clairs et équitables, à des salaires justes et à des conditions de travail sûres et saines. Ils doivent également être protégés contre les pratiques abusives telles que l'interdiction de vol d'un territoire à l'autre.
Les organisations de défense des droits des travailleurs migrants peuvent également jouer un rôle important en plaidant en faveur des travailleurs migrants et en sensibilisant le public aux problèmes auxquels ils sont confrontés.
Il est essentiel que les gouvernements et les employeurs prennent des mesures concrètes pour protéger les droits des travailleurs migrants. Les travailleurs migrants méritent d'être traités avec dignité et respect, et ils doivent avoir la possibilité de travailler dans des conditions équitables et sûres.
Lorsque je suis arrivé au Maroc, j'ai été agréablement surpris par l'accueil chaleureux de la population locale. Contrairement à ce que j'avais pu entendre auparavant, les Marocains vivent en harmonie avec les migrants sub-sahariens et il n'y a pas de tension particulière entre les deux communautés. J'ai vécu à Casablanca pendant six mois et j'ai pu constater que la ville était un melting-pot culturel où les différentes cultures se côtoient sans problème.
La ville de Casablanca est l'une des plus grandes villes du Maroc et compte environ 4 millions d'habitants. Elle est considérée comme le centre économique du pays et attire de nombreux migrants sub-sahariens qui cherchent du travail dans les secteurs de la construction, du commerce et de l'hôtellerie. Malgré le nombre important de migrants, la ville reste accueillante et ouverte aux différentes cultures.
L'une des raisons pour lesquelles les Marocains sont si accueillants envers les migrants sub-sahariens est leur religion. Le Maroc est un pays musulman où la solidarité et l'hospitalité sont des valeurs importantes. Les Marocains ont une longue tradition d'accueil des étrangers et considèrent qu'il est de leur devoir d'aider ceux qui sont dans le besoin. Cela se traduit par une attitude bienveillante envers les migrants sub-sahariens qui cherchent refuge au Maroc.
Le gouvernement marocain a mis en place des politiques d'intégration pour faciliter l'installation des migrants dans le pays. Ces politiques comprennent des programmes de formation professionnelle, des cours de langue et des aides financières pour les migrants qui cherchent à monter leur propre entreprise. Ces mesures ont contribué à renforcer l'intégration des migrants sub-sahariens dans la société marocaine.

Bien que la cohabitation entre les Marocains et les migrants sub-sahariens soit globalement pacifique, il existe tout de même des problèmes liés à la discrimination et au racisme. Les migrants sub-sahariens sont souvent victimes de préjugés et de stéréotypes négatifs, ce qui peut rendre leur intégration plus difficile. De plus, certains employeurs profitent de leur vulnérabilité pour leur proposer des emplois mal rémunérés et dans des conditions précaires.
Malgré ces difficultés, les migrants sub-sahariens trouvent souvent du travail à Casablanca. Le secteur de la construction est l'un des plus importants en termes d'emplois pour les migrants, mais il y a également des opportunités dans le commerce et l'hôtellerie. Les migrants sub-sahariens sont souvent employés dans des emplois peu qualifiés et mal payés, mais ils apportent une contribution importante à l'économie marocaine.
Après avoir passé six mois à Casablanca, j'ai décidé de partir pour Rabat, la capitale du Maroc. J'étais hâte de découvrir cette ville historique et de voir tout ce qu'elle avait à offrir.
Dès mon arrivée, j'ai été frappé par la beauté de la ville. Les rues étaient propres et bien entretenues, et les bâtiments étaient magnifiques. J'ai remarqué que Rabat était très différent de Casablanca, avec une atmosphère plus calme et détendue.
Pendant mon séjour à Rabat, j'ai également pris le temps de visiter l'ambassade de Guinée. J'avais besoin de régler quelques formalités administratives, et j'ai été agréablement surpris par l'accueil chaleureux que j'ai reçu.
Le personnel de l'ambassade était très sympathique et serviable, et j'ai été impressionné par leur professionnalisme. Ils ont pris le temps de répondre à toutes mes questions et de m'aider à remplir les formulaires nécessaires.
J'ai également eu l'occasion de rencontrer d'autres membres de la communauté guinéenne à Rabat. J'ai été touché par leur hospitalité et leur générosité, et j'ai apprécié la chance de partager mon expérience avec eux.
Je suis parti au bureau de HCR à Rabat pour faire une demande d'asile. Après l'enregistrement. Je devrais partir pour me faire entendre. Mais depuis ce jour personne ne m'appelé et si je les appels ça sonne on me répond pas.
Il a été difficile pour moi de déterminer exactement ce qui s'est passé dans cette situation, mais il y a plusieurs hypothèses possibles que j'ai imaginées. Tout d'abord, le HCR est une organisation très occupée qui traite des milliers de demandes d'asile chaque année. Il est donc possible que ma demande ait été mise en attente ou oubliée en raison du grand nombre de demandes qu'ils reçoivent.
De plus, les numéros de téléphone fournis par le HCR peuvent être occupés ou ne pas fonctionner correctement. Il est également possible que les personnes qui répondent aux appels soient très occupées et ne puissent pas répondre immédiatement. J'ai toujours continué à leurs appelés pour obtenir des informations sur l'état de ma demande d'asile mais sans suite.

Il est aussi possible que ma demande n'ait pas été considérée comme prioritaire ou urgente par le HCR, ce qui pourrait expliquer pourquoi ils ne m'ont pas encore contacté. Il est encore possible que ma demande d'asile ait été rejetée ou qu'elle ne réponde pas aux critères d'admissibilité, mais dans ce cas, on devrait m'informée de cette décision.
Mais ce qui m'a surpris, j'ai déposé ma demande avec un gay. Mais il a eu suite à sa demande et moi non.
Mais là aussi, j'ai imaginé plusieurs facteurs qui pourraient expliquer cette différence. D'abord, il est possible qu'il ait fourni plus de preuves ou de documentation pour étayer sa demande d'asile. Les demandes d'asile sont examinées en fonction des preuves fournies par le demandeur, et s'il a fourni plus de preuves que moi, cela pourrait expliquer pourquoi sa demande a été acceptée et la mienne non. Mais cette thèse ne fonctionne pas. Ils ne m'ont pas demandé de fournir de preuve ce jour-là, ce premier jour était juste pour m'enregistré.
De plus, il est possible que les cas de demande d'asile soient traités différemment en fonction du pays d'origine du demandeur. Si ce dernier est venu d'un pays où les persécutions contre les personnes LGBTQ+ sont plus courantes ou plus graves, cela pourrait expliquer pourquoi sa demande a été traitée plus rapidement que la mienne.
Il est également possible que le HCR ait simplement traité la demande de ce dernier plus rapidement en raison de facteurs externes tels que le nombre de demandes d'asile en cours de traitement à ce moment-là. Je suis toujours à latente.
Le phénomène des passeurs, également appelés "chairman" dans le jargon des migrants, est un fléau qui touche de nombreux migrants qui cherchent à traverser la Méditerranée pour rejoindre l'Espagne. Dans le foyer où j'ai séjourné à Rabat, j'ai été témoin de cette pratique qui consiste pour les passeurs à escroquer les migrants en leur promettant une traversée en échange d'une somme d'argent, mais en ne respectant pas leur engagement.
Chaque jour, les passeurs se réunissaient dans le foyer pour discuter avec les migrants qui cherchaient à rejoindre l'Espagne. Ils promettaient des traversées en bateau à des prix alléchants, souvent inférieurs à ceux pratiqués par les agences de voyage officielles. Les migrants étaient alors invités à verser une avance sur le prix total de la traversée, souvent plusieurs centaines d'euros.
Une fois l'argent encaissé, les passeurs disparaissaient dans la nature, laissant les migrants sans nouvelles et sans espoir de rejoindre l'Espagne. Les migrants se retrouvaient alors dans une situation précaire, sans argent et sans moyens de subsistance. Certains d'entre eux étaient même victimes de violences de la part des passeurs, qui les menaçaient ou les frappaient pour leur extorquer davantage d'argent.
Ce phénomène est malheureusement courant dans de nombreux pays d'Afrique du Nord, où les migrants cherchent à rejoindre l'Europe par tous les moyens

possibles. Les passeurs profitent de leur vulnérabilité et de leur désespoir pour les escroquer et les exploiter. Les migrants qui tombent dans leur piège se retrouvent souvent endettés et incapables de rembourser l'argent qu'ils ont emprunté pour financer leur voyage.

Le phénomène des passeurs est un véritable fléau pour les migrants qui cherchent à rejoindre l'Europe. Il met en danger leur vie et leur sécurité, et les expose à toutes sortes de risques, notamment la noyade en mer ou la détention dans des centres de rétention. Les autorités marocaines ont mis en place des mesures pour lutter contre ce phénomène, mais il reste encore beaucoup à faire pour protéger les migrants et leur garantir des conditions de vie décentes.

Au Maroc, tout comme tous les pays de l'Afrique du nord où les migrants cherchent à rentrer en Europe, beaucoup de femmes se mettent en couple avec les passeurs (chairman). Mais, il est important de comprendre que les femmes migrantes ne se mettent pas en couple avec les passeurs par choix, mais plutôt par nécessité. Les raisons qui poussent les femmes à se tourner vers les passeurs sont multiples et complexes.

Il faut souligner que la plupart des femmes migrantes sont confrontées à des conditions de vie très difficiles dans leur pays d'origine. Elles peuvent être victimes de violences conjugales, de discrimination ou de persécution en raison de leur sexe, de leur orientation sexuelle ou de leur appartenance à une minorité ethnique ou religieuse. Elles peuvent également être confrontées à des conditions économiques précaires, avec peu d'opportunités d'emploi et un accès limité aux services publics.

Dans ce contexte, beaucoup de femmes migrantes voient dans la migration vers l'Europe une opportunité de changer leur vie et celle de leur famille. Elles peuvent être attirées par les perspectives d'emploi et les meilleures conditions de vie offertes en Europe. Or, le coût élevé des voyages et le manque de ressources financières les empêchent souvent de réaliser leur rêve.

C'est là que les passeurs entrent en jeu. Ils proposent aux femmes migrantes un moyen de traverser la Méditerranée en échange d'une somme d'argent. Les femmes peuvent être attirées par cette offre, car elle leur permet d'échapper à leur situation précaire et de réaliser leur projet de migration. De plus, les passeurs peuvent promettre aux femmes une protection contre les dangers du voyage, tels que les naufrages ou les arrestations par les autorités.

Une fois que les femmes ont payé les passeurs, elles se retrouvent souvent dans une situation de vulnérabilité extrême. Les passeurs peuvent les soumettre à des abus sexuels, des violences physiques ou psychologiques, ou les abandonner dans la nature sans ressources ni protection. Les femmes sont alors confrontées à des choix difficiles : continuer le voyage au risque de leur vie et de celle de leur enfant à naître, ou renoncer à leur projet de migration et retourner dans leur pays d'origine, où elles peuvent être confrontées à des conditions encore plus difficiles.

Il faut aussi souligner que les femmes migrantes ne sont pas naïves ou ignorantes des risques associés à la migration irrégulière. Elles peuvent être informées des dangers du voyage par des organisations de la société civile ou des médias. Mais le manque d'alternatives viables et la pression sociale ou familiale peuvent les pousser à prendre des risques pour réaliser leur projet de migration.
La crise migratoire en Europe a été largement couverte par les médias, mettant en lumière le nombre croissant de migrants qui tentent de traverser la Méditerranée pour atteindre l'Europe. Mais, il y a une facette moins connue de cette crise qui concerne les femmes sub-sahariennes qui se retrouvent dans des situations désespérées et qui sont prêtes à tout pour atteindre leur destination.
Dans plusieurs villes du Maghreb, les femmes sub-sahariennes sont confrontées à des difficultés économiques et sociales qui les poussent à chercher des moyens désespérés pour atteindre l'Europe. Les passeurs ou "Charmants" sont souvent leur seul espoir de traverser la Méditerranée, mais les coûts élevés de leurs services les rendent inaccessibles pour beaucoup.
Face à cette situation, certaines femmes sub-sahariennes optent pour le mariage à court terme avec les charmants. Cette pratique est appelée "mariage blanc" ou "mariage de passage". Elle implique que la femme épouse le Charmant pour une durée limitée, généralement quelques semaines ou quelques mois, en échange d'un passage vers l'Europe.
Ces mariages sont souvent arrangés par des intermédiaires locaux qui mettent en relation les femmes avec les charmants. Les femmes sub-sahariennes sont souvent vulnérables, sans ressources et sans soutien familial dans les villes du Maghreb, ce qui les rend particulièrement susceptibles d'être exploitées.
Les charmants profitent de la situation en exigeant des sommes exorbitantes pour leurs services. Les femmes qui n’acceptent pas ces mariages à court terme doivent souvent travailler dur pour payer leur passage
Même si elles réussissent à atteindre l'Europe, les femmes qui ont opté pour ces mariages sont souvent confrontées à des difficultés supplémentaires. Elles peuvent être victimes de violence, de trafic d'êtres humains ou de discrimination raciale.
De plus, les mariages à court terme avec les Charmants ne garantissent pas un passage sûr vers l'Europe. Les femmes peuvent être abandonnées après quelques moi de relation ou s’il voit une autre femme qui l’attire.
Malgré ces risques, le mariage à court terme avec les Charmants est devenu une option de plus en plus courante pour les femmes sub-sahariennes qui cherchent à atteindre l'Europe. Cette pratique soulève des questions importantes sur les droits des femmes et la sécurité des migrants.
Il faut savoir que cette pratique est illégale et que les charmants qui proposent ces mariages à court terme sont des criminels qui exploitent la vulnérabilité des femmes sub-sahariennes. Les gouvernements et les organisations internationales

doivent travailler ensemble pour mettre fin à cette pratique et protéger les droits des femmes migrantes.

Un autre phénomène repose sur le témoignage d'un migrant qui a souffert dans la forêt de Nador où des milliers de migrants cherchent à franchir la barrière pour rentrer à Melilla.

La forêt de Nador, située au nord du Maroc, est devenue un point de passage pour des milliers de migrants qui cherchent à atteindre l'enclave espagnole de Melilla. La traversée de cette zone est extrêmement dangereuse et les migrants qui y sont bloqués sont souvent confrontés à des conditions inhumaines.

L'un de ces migrants, un jeune homme originaire du Sénégal, a témoigné des difficultés qu'il a rencontrées dans la forêt de Nador. Il a expliqué qu'il avait quitté son pays en raison de la pauvreté et de l'absence d'opportunités économiques. Après avoir traversé plusieurs pays d'Afrique de l'Ouest, il est arrivé au Maroc et a commencé à chercher un moyen de traverser la frontière vers Melilla.

Il a finalement décidé de tenter sa chance en traversant la forêt de Nador. Il a rapidement découvert que la traversée était bien plus difficile qu'il ne l'avait imaginé. La forêt est dense et difficilement accessible, et les migrants doivent souvent marcher pendant des heures pour atteindre les zones frontalières.

De plus, la police marocaine patrouille régulièrement dans la région et arrête les migrants qui tentent de traverser la frontière. Les conditions de détention dans les centres de rétention marocains sont très difficiles, et les migrants sont souvent maltraités et privés de leurs droits.

Le jeune migrant a également témoigné des conditions inhumaines dans lesquelles les migrants vivent dans la forêt. Ils n'ont pas accès à l'eau potable ni aux soins médicaux, et sont souvent confrontés à des maladies et des infections. Ils doivent dormir à même le sol, exposés aux intempéries et aux attaques de prédateurs sauvages.

De plus, les migrants sont souvent victimes de violence de la part des passeurs ou des bandes criminelles qui opèrent dans la région.

Le jeune migrant a finalement réussi à traverser la frontière vers Melilla, mais il a été arrêté par les autorités espagnoles et détenu dans un centre de rétention pendant plusieurs heures avant d'être expulsé vers le Maroc.

Son témoignage met en lumière les conditions inhumaines auxquelles sont confrontés les migrants qui cherchent à traverser la frontière entre le Maroc et Melilla. Les gouvernements espagnol et marocain doivent travailler ensemble pour garantir le respect des droits des migrants et mettre fin aux pratiques illégales des passeurs et des bandes criminelles qui exploitent leur vulnérabilité.

On doit tous savoir que la crise migratoire en Europe est un problème mondial qui nécessite une réponse globale. Les pays riches doivent assumer leur responsabilité envers les migrants et travailler ensemble pour trouver des solutions durables à cette crise humanitaire.

Le foyer à Rabat était un endroit où nous les migrants, nous étions rassemblés pour trouver un peu de réconfort et de soutien. Nous étions un groupe de personnes qui avaient quitté nos pays d'origine pour chercher une vie meilleure en Europe. Certains d'entre nous avaient déjà réussi à traverser la Méditerranée, tandis que d'autres étaient encore en train de planifier leur voyage.

Un jour, nous avons appris que certains de nos amis avaient décidé de partir pour Tanger, une ville portuaire située au nord du Maroc. Ils avaient l'intention de traverser la Méditerranée pour atteindre l'Europe. Nous savions tous que c'était un voyage dangereux et risqué, mais ils étaient déterminés à essayer.

Deux jours après leur départ, nous avons reçu des nouvelles de nos amis. Ils nous ont envoyé des photos et des vidéos où ils semblaient être remplis de joie et d'excitation. Ils avaient réussi à traverser la Méditerranée avec succès et étaient maintenant en Europe. Ils criaient boza, boza qui signifie victoire dans notre jargon.

Les images que nous avons vues étaient étonnantes. Nous avons vu nos amis sourire et rire, certains d'entre eux en train de danser sur le bateau de sauvetage. Ils ont partagé des images de leurs nouveaux logements, des appartements confortables avec des lits douillets et des cuisines modernes. Nous avons même vu des images de nourriture délicieuse qu'ont les avaient préparée.

Nous étions tous heureux pour eux, mais nous savions aussi que leur voyage n'avait pas été facile. Nous avons entendu parler de leur périple à travers le désert du Sahara, où ils avaient marché pendant des jours sans nourriture ni eau. Nous avons également entendu parler des dangers de la traversée de la Méditerranée, où des milliers de migrants ont perdu la vie au fil des ans.

Malgré tout cela, nos amis semblaient être remplis d'espoir et d'optimisme pour leur avenir en Europe. Ils ont partagé leurs projets pour trouver du travail et commencer une nouvelle vie. Ils ont également exprimé leur gratitude envers ceux qui les avaient aidés tout au long de leur voyage.

Les images que nous avons vues étaient un rappel de la complexité de la migration. Nous avons vu à la fois la joie et la souffrance qui accompagnent ce voyage. Nous avons vu l'espoir et l'optimisme, mais aussi la peur et le danger.

Ces images que nous avons reçues étaient un témoignage de la résilience et de la détermination des migrants. Malgré les obstacles et les difficultés, ils ont continué à avancer vers un avenir meilleur. Nous avons été inspirés par leur courage et leur force, et nous avons continué à les soutenir dans leur voyage.

Depuis ce jour, J'ai donc décidé moi aussi de tenter ma chance en traversant la Méditerranée pour rejoindre l'Europe.

J'ai commencé à chercher des passeurs à Rabat. J'ai finalement trouvé un groupe de passeurs qui m'ont promis de me faire traverser la Méditerranée pour une somme d'argent. J'ai accepté leur offre et j'ai donné tout mon argent à un ami en garanti.

Nous avons quitté Rabat vers la soirée et nous sommes arrivés à Tanger tard dans la nuit. Les passeurs nous ont emmenés sur une plage isolée, où ils ont préparé un petit bateau pour nous faire traverser la Méditerranée.
Le voyage a commencé dans l'obscurité totale, sans boussole ni GPS. Nous étions 15 personnes à bord, y compris deux femmes enceintes et trois enfants. Nous avons navigué pendant plusieurs heures dans l'obscurité totale, sans savoir où nous allions.
Après environ six heures de navigation, nous avons réalisé que nous étions perdus en mer. Nous avons essayé de contacter les passeurs, mais ils ne répondaient pas. Nous avons continué à naviguer pendant deux jours, sans nourriture ni eau. Les femmes enceintes étaient très malades et les enfants pleuraient constamment.
Le deuxième jour, nous avons vu un navire au loin. Nous avons crié et agité nos bras pour attirer leur attention. Mais il ne s'est pas arrêté. Ils nous sommes fait croire qu'on a perdu le chemin. Ils nous montraient la direction de l'Espagne, mais fatigué on pouvait plus rien faire. On avait besoin d'aide. Parmi nous se trouvait un enfant malade qui avait besoin de soins médicaux urgents.
Nous avons immédiatement contacté Helena, une défenseure des droits des migrants au Maroc. Elle a appelé la marine marocaine à l'aide. Les autorités ont rapidement réagi et envoyé un navire pour nous secourir. On était vraiment en détresse.
Malheureusement, avant l'arrivée du navire marocain, l'enfant malade est décédé. Nous avons tous été dévastés par ce décès. Nous avons réalisé que la migration était un voyage dangereux et que même avec l'aide des autorités, il y avait toujours des risques.
Le navire a finalement vu notre petit bateau et s'est approché de nous. Les secours nous ont donné de l'eau et de la nourriture, et nous ont emmenés à un port à Tanger.
Nous avons été accueillis par les autorités, qui nous ont interrogés. Nous avons été placés dans un centre de détention pour migrants en attendant d'être refoulé dans d'autres villes loin de Tanger.
Cette expérience a été traumatisante pour moi et pour les autres migrants à bord. Nous avons risqué nos vies pour traverser la Méditerranée, sans savoir que nous étions entre les mains de passeurs sans scrupules. Nous avons été chanceux d'être secourus, mais d'autres migrants ne sont pas aussi chanceux et meurent en mer.
Je me souviens encore de cette nuit où nous avons été lancés sur la mer sans boussole ni GPS ni aucune idée de notre destination. Nous avons été secourus par la marine marocaine, mais cela n'a pas mis fin à notre périple. Nous avons été refoulés dans un village près de Casablanca, où j'ai décidé de ne plus jamais risquer ma vie sur l'eau.

Après avoir passé quelques jours dans ce village, j'ai pris la décision de poursuivre mon voyage vers Dakhla. Je suis monté dans un bus à la gare de Casablanca, prêt à affronter les difficultés qui m'attendaient.
Le voyage en bus était long et difficile. Les conditions étaient loin d'être confortables, et j'ai dû faire face à de nombreux obstacles. Mais je suis resté déterminé à atteindre mon objectif.
Enfin, après plusieurs jours de voyage, j'ai atteint Dakhla. J'ai commencé à chercher un endroit où vivre et à chercher du travail. Cela n'a pas été facile, car je ne connaissais personne dans cette ville et je ne parlais pas la langue locale.
J'ai persévéré et j'ai fini par trouver un logement abordable avec d'autres sub-sahariens. J'ai également commencé à chercher du travail. Après plusieurs semaines de recherche, j'ai finalement trouvé un emploi dans une entreprise locale.
Je suis arrivé à Dakhla avec l'espoir de trouver un travail décent pour subvenir aux besoins de ma famille. Après plusieurs semaines de recherche, j'ai finalement trouvé un emploi dans une entreprise frigorifique de traitement de poisson. J'étais heureux d'avoir trouvé un travail, mais cela a rapidement changé.
Mon travail consistait à travailler 12 heures par jour, tous les jours de la semaine et l'heur du début de travail dépend du moment où les poissons vont arriver. Les horaires étaient très difficiles à supporter, surtout avec les températures extrêmes dans l'entrepôt. Les journées semblaient interminables, et je me sentais épuisé chaque soir en rentrant chez moi.
Le travail lui-même était également très difficile. Nous devions transporter des caisses lourdes de poissons dans l'entrepôt, ce qui était épuisant pour le corps. De plus, les chefs étaient très exigeants et impatients. Ils criaient constamment "yalla yalla" pour nous presser de travailler plus vite, ce qui rendait l'environnement de travail très stressant.
En plus de cela, il y avait peu d'opportunités pour progresser dans l'entreprise. Les employés étaient souvent traités comme des machines plutôt que comme des êtres humains. Les conditions de travail étaient difficiles à supporter, mais je n'avais pas d'autre choix que de continuer à travailler pour subvenir aux besoins de ma famille.
Malgré les difficultés, j'ai essayé de garder une attitude positive. J'ai essayé de me concentrer sur les aspects positifs de mon travail, comme le fait que je pouvais subvenir aux besoins de ma famille et que j'avais un emploi stable. J'ai également essayé de me faire des amis parmi mes collègues de travail pour rendre les journées plus agréables.
Cependant, la situation est devenue de plus en plus difficile à supporter. Les températures dans l'entrepôt étaient extrêmes, et il n'y avait pas suffisamment de ventilation pour nous aider à rester frais. Les caisses de poissons que nous devions transporter étaient très lourdes, et nous devions souvent les porter sur de longues distances. De plus, les chefs étaient très exigeants et nous poussaient constamment à travailler plus rapidement.

J'ai commencé à me demander si je pouvais continuer à travailler dans ces conditions. J'ai commencé à chercher d'autres emplois, mais il était difficile de trouver quelque chose qui offrait des conditions de travail meilleures que celles que j'avais déjà.
Finalement, j'ai trouvé un travail dans une entreprise qui offrait de meilleures conditions de travail et des opportunités de croissance professionnelle. J'ai été soulagé de quitter mon ancien emploi, mais j'ai également été triste de quitter mes collègues de travail derrière moi.
Mon expérience dans l'entreprise frigorifique à Dakhla a été difficile, mais elle m'a appris l'importance de trouver un travail qui correspond à mes besoins et à mes valeurs. J'ai également réalisé l'importance de soutenir les travailleurs qui sont forcés de travailler dans des conditions difficiles et de lutter pour des conditions de travail justes pour tous.
Je suis heureux d'avoir trouvé un nouvel emploi qui me convient mieux. J'espère que les conditions de travail dans l'entreprise frigorifique s'amélioreront pour les employés qui y travaillent encore. J'espère également que les travailleurs de tous les secteurs pourront bénéficier de meilleures conditions de travail à l'avenir.
Le travail des femmes sub-sahariennes dans les frigos de traitement des poissons est très difficile et souvent sous-estimé. Ces femmes sont souvent des migrantes qui ont quitté leur pays d'origine pour trouver du travail et subvenir aux besoins de leur famille. Elles sont souvent confrontées à des conditions de travail difficiles, qui mettent leur santé en danger.
Les femmes sub-sahariennes qui travaillent dans les frigos de traitement des poissons sont souvent des migrantes qui ont quitté leur pays d'origine pour trouver du travail et subvenir aux besoins de leur famille. Malheureusement, elles sont souvent confrontées à des conditions de travail difficiles et dangereuses qui mettent leur santé en danger. Elles sont souvent employées dans les tâches les plus pénibles et les plus dangereuses, telles que la manipulation de poissons lourds et la découpe de poissons avec des couteaux tranchants.
Ces femmes sont souvent soumises à des heures de travail très longues, allant jusqu'à 12 heures par jour, tous les jours par semaine. Elles sont souvent payées très peu pour leur travail, ce qui signifie qu'elles doivent travailler dur pour gagner suffisamment d'argent pour subvenir aux besoins de leur famille. De plus, elles sont souvent victimes d'escroquerie de la part de leur propre frère sub-saharien qui leur demande une somme d'argent pour les aider à trouver un emploi dans les frigos de traitement des poissons.
Ces femmes sont souvent confrontées à la discrimination et au racisme sur le marché du travail, ce qui limite leurs options d'emploi. Elles sont également confrontées à des barrières linguistiques, car elles ne parlent pas toujours la langue locale. Malgré cela, elles continuent à travailler dur pour subvenir aux besoins de leur famille.
Il faut reconnaître le travail et les sacrifices des femmes sub-sahariennes qui travaillent dans les frigos de traitement des poissons. Il est également important

de lutter pour des conditions de travail justes et équitables pour tous les travailleurs, y compris les femmes migrantes. Les employeurs doivent être tenus responsables de la sécurité et du bien-être de leurs employés, et les travailleurs doivent être traités avec respect et dignité.

Il est important que nous travaillions ensemble pour créer un monde où tous les travailleurs sont traités avec respect et dignité, et où personne n'est obligé de travailler dans des conditions dangereuses ou inhumaines pour subvenir aux besoins de sa famille. Nous devons continuer à lutter pour des conditions de travail justes et équitables pour tous, afin que chacun puisse vivre une vie digne et respectueuse.

Le manque de documents administratifs est un problème majeur pour les migrants sub-sahariens qui cherchent à travailler dans les frigos de traitement des poissons. Sans contrat de travail ou carte de séjour, ces travailleurs sont souvent vulnérables à l'exploitation et à l'abus de la part des employeurs.

Le manque de documents administratifs peut être dû à plusieurs facteurs, notamment la difficulté à obtenir des visas ou des permis de travail, le coût élevé des frais de demande, la corruption et la bureaucratie. Les migrants sub-sahariens peuvent également être confrontés à des barrières linguistiques et culturelles qui rendent difficile la navigation dans les systèmes administratifs locaux.

En l'absence de documents administratifs, les migrants sub-sahariens peuvent être contraints de travailler dans des conditions dangereuses et inhumaines. Ils sont souvent payés en espèces, sans reçu ni preuve de salaire, ce qui signifie qu'ils n'ont aucun recours en cas de non-paiement ou d'abus de la part de leur employeur.

Le manque de documents administratifs peut également rendre difficile l'accès aux soins de santé et à d'autres services sociaux. Les migrants sub-sahariens peuvent être exclus des programmes gouvernementaux destinés aux travailleurs étrangers en raison de leur statut migratoire précaire.

Cependant, il existe des organisations et des initiatives qui travaillent pour aider les migrants sub-sahariens à obtenir les documents administratifs dont ils ont besoin pour travailler en toute sécurité et dignité. Certaines organisations offrent des services juridiques gratuits pour aider les migrants à naviguer dans les systèmes administratifs locaux et à obtenir les documents nécessaires. D'autres initiatives visent à sensibiliser les travailleurs migrants aux droits du travail et à leur donner les compétences nécessaires pour négocier de meilleures conditions de travail.

Il faut reconnaître que le manque de documents administratifs est un obstacle majeur pour les migrants sub-sahariens qui travaillent dans les frigos de traitement des poissons. Les gouvernements et les employeurs doivent travailler ensemble pour faciliter l'obtention de documents administratifs pour tous les travailleurs migrants, afin qu'ils puissent travailler en toute sécurité et dignité. Les organisations de la société civile peuvent également jouer un rôle important

en aidant les migrants à naviguer dans les systèmes administratifs locaux et en sensibilisant le public aux problèmes auxquels ils sont confrontés.
Le nombre élevé de grossesses ou de nourrices chez les migrants sub-sahariens à Dakhla et dans d'autres villes du Maroc est un autre problème majeur qui affecte leur santé et leur bien-être. Les femmes migrantes, en particulier, sont vulnérables à l'exploitation et à la violence sexuelle, ce qui peut entraîner des grossesses non désirées ou des infections sexuellement transmissibles.
De plus, les femmes migrantes sub-sahariennes travaillent souvent dans des emplois précaires et mal payés, ce qui les empêche d'accéder à des soins de santé adéquats pendant leur grossesse. Elles peuvent également être confrontées à des barrières linguistiques et culturelles qui rendent difficile la navigation dans le système de santé local.
Les nourrices sont également un problème commun chez les migrants sub-sahariens. Les familles marocaines embauchent souvent des nourrices pour s'occuper de leurs enfants, mais les conditions de travail pour ces femmes sont souvent difficiles et mal rémunérées. Les nourrices peuvent être contraintes de travailler de longues heures sans pause, sans congé et sans protection sociale. De plus, elles sont souvent isolées de leur famille et de leur communauté, ce qui peut avoir un impact négatif sur leur santé mentale.
Pour remédier à ces problèmes, il est important de sensibiliser les migrants sub-sahariens aux services de santé disponibles et de faciliter leur accès à ces services. Les gouvernements et les organisations de la société civile peuvent travailler ensemble pour offrir des services de santé gratuits ou à faible coût aux migrants sub-sahariens, en particulier pour les soins prénatals et postnatals.
Il est également important de sensibiliser les employeurs et les familles qui embauchent des nourrices aux droits des travailleurs et de mettre en place des réglementations pour protéger les nourrices contre l'exploitation et la violence. Les nourrices devraient être payées équitablement, avoir des horaires de travail raisonnables et bénéficier d'une protection sociale.
Il est important de travailler sur les causes sous-jacentes de la migration sub-saharienne, telles que la pauvreté, les conflits et le changement climatique. En investissant dans le développement économique et social des pays d'origine des migrants, il est possible de réduire la pression migratoire et d'améliorer les conditions de vie pour les personnes qui restent.
Les migrants qui quittent leur pays d'origine en laissant leur femme et leurs enfants, surtout les femmes, traversent des moments difficiles.
Les femmes migrantes sont confrontées à de nombreux défis lorsqu'elles quittent leur pays d'origine. Elles doivent faire face à des conditions de vie difficiles, à la discrimination et à l'exploitation. Elles doivent également apprendre une nouvelle langue et s'adapter à une nouvelle culture. Elles sont souvent confrontées à l'incertitude quant à leur avenir et celui de leurs enfants rester au pays.

Les femmes sont souvent confrontées à des violences sexuelles et à des abus. Les femmes sont souvent victimes de violences sexuelles pendant leur voyage, dans les camps de réfugiés ou dans les communautés d'accueil. Les femmes migrantes sont également exposées à l'exploitation sexuelle et au trafic d'êtres humains.

Les femmes migrantes qui laissent leurs enfants derrière elles sont confrontées à des défis supplémentaires. Elles doivent faire face à la douleur de la séparation et à l'incertitude quant au sort de leurs enfants. Elles doivent également faire face à la stigmatisation sociale et aux préjugés qui entourent les mères qui abandonnent leurs enfants.

Les femmes migrantes qui quittent leur pays d'origine pour trouver un emploi ou pour rejoindre leur mari ou leur partenaire doivent faire face à des difficultés liées à l'emploi et à la discrimination. Les femmes migrantes sont souvent employées dans des emplois précaires, mal payés et dangereux. Elles sont souvent victimes de discrimination en raison de leur sexe, de leur race ou de leur origine ethnique.

Les femmes migrantes qui quittent leur pays d'origine pour rejoindre leur mari ou leur partenaire sont souvent confrontées à des problèmes de violence domestique. Les femmes migrantes sont souvent victimes de violence domestique en raison de leur vulnérabilité et de leur dépendance économique à l'égard de leur mari ou de leur partenaire.

Les femmes migrantes qui quittent leur pays d'origine pour rejoindre leur mari ou leur partenaire doivent également faire face à des défis liés à la famille et à la culture. Elles doivent s'adapter à une nouvelle famille et à une nouvelle culture, ce qui peut être difficile et stressant.

Les femmes migrantes qui quittent leur pays d'origine pour trouver un emploi ou pour rejoindre leur mari ou leur partenaire ont besoin de soutien et d'assistance pour surmonter les défis auxquels elles sont confrontées. Les organisations humanitaires et les gouvernements doivent travailler ensemble pour fournir des services de soutien, tels que des abris temporaires, des soins de santé, de la nourriture et de l'eau, ainsi que des services d'aide à l'emploi et à la formation professionnelle.

Les femmes migrantes ont également besoin d'un soutien émotionnel pour faire face à la douleur de la séparation et aux défis liés à la famille et à la culture. Les organisations humanitaires et les gouvernements doivent travailler ensemble pour fournir des services de soutien émotionnel, tels que des groupes de soutien et des conseils psychologiques.

Les hommes qui quittent leur pays en laissant derrière eux leur femme et leurs enfants font face à des difficultés similaires à celles des femmes migrantes, mais ils ont également des défis spécifiques liés à leur genre.

Les raisons pour lesquelles les hommes migrent sont souvent liées à des conflits politiques, des guerres civiles, des persécutions, des violations des droits de l'homme ou des catastrophes naturelles. Les hommes sont souvent considérés

comme des combattants potentiels et sont donc exposés à un risque plus élevé de violence et de persécution. Les hommes peuvent également être contraints de quitter leur pays pour trouver un travail et subvenir aux besoins de leur famille.
Les hommes migrants doivent faire face à des conditions de vie difficiles, à la discrimination et à l'exploitation. Ils doivent également apprendre une nouvelle langue et s'adapter à une nouvelle culture. Les hommes migrants sont souvent confrontés à l'incertitude quant à leur avenir et celui de leur famille.
Les hommes migrants sont également exposés à la violence et à l'exploitation. Les hommes sont souvent victimes de violences physiques pendant leur voyage et dans les camps de réfugiés. Les hommes migrants sont également exposés au trafic d'êtres humains et à l'exploitation économique.
Les hommes migrants qui laissent leur famille derrière eux sont confrontés à des défis supplémentaires. Ils doivent faire face à la douleur de la séparation et à l'incertitude quant au sort de leur famille. Les hommes migrants doivent également faire face à la stigmatisation sociale et aux préjugés qui entourent les pères qui abandonnent leur famille.
Les hommes migrants qui quittent leur pays d'origine pour trouver un emploi ou pour rejoindre leur famille doivent faire face à des difficultés liées à l'emploi et à la discrimination. Les hommes migrants sont souvent employés dans des emplois précaires, mal payés et dangereux. Ils sont souvent victimes de discrimination en raison de leur sexe, de leur race ou de leur origine ethnique.
Les hommes migrants qui quittent leur pays d'origine pour rejoindre leur famille sont souvent confrontés à des problèmes de rôle familial et de culture. Ils doivent s'adapter à une nouvelle famille et à une nouvelle culture, ce qui peut être difficile et stressant.
Les hommes migrants qui quittent leur pays d'origine pour trouver un emploi ou pour rejoindre leur famille ont besoin de soutien et d'assistance pour surmonter les défis auxquels ils sont confrontés. Les organisations humanitaires et les gouvernements doivent travailler ensemble pour fournir des services de soutien, tels que des abris temporaires, des soins de santé, de la nourriture et de l'eau, ainsi que des services d'aide à l'emploi et à la formation professionnelle.
Les hommes migrants ont également besoin d'un soutien émotionnel pour faire face à la douleur de la séparation et aux défis liés au rôle familial et à la culture. Les organisations humanitaires et les gouvernements doivent travailler ensemble pour fournir des services de soutien émotionnel, tels que des groupes de soutien et des conseils psychologiques.
Ma vie à Dakhla n'a pas été facile, mais j'ai appris beaucoup de choses au cours de mon séjour là-bas. J'ai rencontré des gens formidables et j'ai découvert une culture différente de celle que je connaissais auparavant.
Dakhla, une ville portuaire située dans le sud du Maroc, est connue pour son industrie de transformation du poisson. Les entreprises frigorifiques y sont nombreuses et emploient une grande partie de la population sub-saharienne. J'ai

travaillé dans l'une de ces entreprises pendant six mois avant de trouver un travail dans une ferme agricole.
Mon travail consistait à trier et à emballer les poissons qui arrivaient fraîchement pêché du port. Nous devions être rapides et efficaces car le poisson devait être traité le plus rapidement possible pour éviter toute détérioration. Le travail était difficile et fatigant, mais j'appréciais l'ambiance de travail conviviale et l'opportunité de rencontrer des gens de différentes cultures.
Je cherchais quelque chose de plus stable et mieux rémunéré. J'ai donc commencé à chercher d'autres opportunités d'emploi. C'est ainsi que j'ai découvert une ferme agricole à quelques kilomètres de la ville. La ferme produisait principalement les tomates et les melons pour le marché local et pour l'international.
J'ai postulé pour un poste de travailleur agricole et j'ai été accepté après un entretien avec le responsable des ressources humaine de la ferme. Mon travail consistait à planter, cultiver et récolter les fruits.
Le travail était différent de celui que j'avais fait auparavant dans mon pays, mais j'ai rapidement appris les compétences nécessaires pour réussir. J'ai appris à planter, à comprendre le système d'arrosage goute à goute et à récolter les fruits au moment opportun
Le travail à la ferme était plus physique que celui de l'entreprise frigorifique, mais j'ai apprécié la variété des tâches et la possibilité d'être en contact avec la nature. J'aimais travailler en plein air et voir les fruits de mon travail se développer au fil du temps.
Travailler dans une ferme agricole m'a également permis de mieux comprendre le fonctionnement de l'agriculture moderne. J'ai appris à connaître les différents types de sols, cultivé hors sol et les pratiques agricoles qui étaient utilisées pour produire des aliments sains et nutritifs.
Le travail à la ferme était également plus stable que celui de l'entreprise frigorifique. J'avais un salaire régulier et des horaires de travail fixes. Cela m'a permis de mieux planifier mon temps libre et de consacrer plus de temps à mes loisirs et à mes passe-temps.
Mon travail dans la ferme agricole a été une expérience enrichissante. J'ai appris de nouvelles compétences, rencontré des gens intéressants et découvert une nouvelle facette de la vie à Dakhla. J'ai également appris à apprécier la nourriture locale et à comprendre l'importance de l'agriculture pour la communauté locale.
Le maraîchage de culture de tomates et de melons est une activité agricole qui a connu une modernisation importante ces dernières années au Maroc, en particulier dans la région de Dakhla. Cette modernisation a permis d'augmenter les rendements et de produire des légumes et des fruits de qualité supérieure, mais elle a aussi eu des conséquences sur l'environnement et sur les conditions de travail des agriculteurs.

La culture de tomates et de melons sous serres est une pratique qui nécessite une irrigation régulière pour maintenir une humidité constante dans le sol. Dans les régions arides comme Dakhla, où il ne pleut qu'une ou deux fois par an, cette irrigation est essentielle pour la survie des cultures. C'est pourquoi les agriculteurs ont recours à des systèmes d'irrigation goutte à goutte qui permettent d'apporter l'eau directement aux racines des plantes.
Ces systèmes d'irrigation ont plusieurs avantages par rapport aux méthodes traditionnelles d'irrigation par aspersion. Ils permettent d'économiser l'eau en réduisant les pertes par évaporation, ils réduisent les coûts de production en utilisant moins d'eau et d'engrais, et ils améliorent la qualité des légumes en apportant une quantité précise d'eau et de nutriments aux plantes.
Cependant, l'utilisation intensive de ces systèmes d'irrigation peut avoir des conséquences négatives sur l'environnement. L'eau utilisée pour l'irrigation provient souvent des nappes phréatiques, ce qui peut entraîner une baisse du niveau de la nappe et une salinisation des sols. De plus, l'utilisation d'engrais et de pesticides peut contaminer les sols et les eaux souterraines, ce qui peut avoir des effets néfastes sur la santé humaine et sur la biodiversité.
Par ailleurs, la modernisation de l'agriculture a également eu des conséquences sur les conditions de travail des agriculteurs. Les serres sont souvent équipées de systèmes de climatisation qui permettent de maintenir une température constante à l'intérieur, ce qui peut être bénéfique pour les cultures mais aussi très éprouvant pour les travailleurs. Les températures élevées à l'intérieur des serres peuvent être dangereuses pour la santé des travailleurs, en particulier s'ils ne disposent pas d'équipements de protection adéquats.
De plus, la modernisation de l'agriculture a entraîné une spécialisation croissante des exploitations agricoles, ce qui a conduit à une diminution de la diversité des cultures et à une dépendance accrue aux marchés extérieurs. Cette dépendance peut rendre les agriculteurs vulnérables aux fluctuations des prix et aux aléas climatiques, ce qui peut compromettre leur sécurité alimentaire et leur stabilité économique.
Je me souviens de mes premiers jours au maraîchage du Sahara, j'étais un peu perdu et intimidé par l'ampleur de l'entreprise. La superficie de la ferme était immense, avec des rangées de serres qui s'étendaient à perte de vue. Les travailleurs étaient nombreux et venaient de différents pays d'Afrique subsaharienne, comme le Mali, le Sénégal, La Côte d'Ivoire, la Guinée...
Ma tâche principale consistait à ramasser les melons coupés par d'autres ouvriers pour les mettre dans les caisses. Cette tâche pouvait être difficile et fatigante, surtout lorsque les températures à l'intérieur des serres dépassaient les 40 degrés Celsius. Heureusement, l'entreprise avait mis en place un système de rotation des tâches pour éviter que les travailleurs ne soient exposés trop longtemps aux températures élevées.
Malgré les conditions difficiles, j'ai vite appris à apprécier mon travail. Les autres ouvriers étaient très sympathiques et nous avions l'habitude de plaisanter

ensemble pendant les pauses. Nous étions tous conscients que notre travail était important pour l'entreprise et que nous contribuions à la production de fruits frais et de qualité.

Au fil du temps, j'ai commencé à comprendre l'importance de la modernisation de l'agriculture dans cette région aride du Maroc. Les systèmes d'irrigation modernes permettaient aux agriculteurs de cultiver des légumes toute l'année, ce qui était impensable il y a quelques décennies. Les techniques d'irrigation goutte à goutte étaient particulièrement efficaces pour économiser l'eau et réduire les pertes par évaporation.

J'ai également pris conscience des défis environnementaux auxquels l'entreprise était confrontée. L'eau utilisée pour l'irrigation provenait souvent des nappes phréatiques, ce qui pouvait entraîner une baisse du niveau de la nappe et une salinisation des sols. Les engrais et les pesticides utilisés pour les cultures pouvaient également contaminer les sols et les eaux souterraines.

Maraîchage du Sahara avait pris des mesures pour réduire son impact environnemental, comme la mise en place d'un système de stockage pour conserver les fruits pendant les périodes de faible demande sur le marché. L'entreprise avait également investi dans des équipements de protection individuelle pour protéger les travailleurs contre les produits chimiques utilisés dans les cultures.

En travaillant au maraîchage du Sahara, j'ai également appris à apprécier la diversité des cultures locales. En plus des tomates et des melons, l'entreprise cultivait également des pastèques, et des myrtilles pour répondre à la demande des consommateurs. Cette diversification était importante pour réduire la dépendance de l'entreprise aux marchés extérieurs et assurer sa stabilité économique.

Après avoir travaillé pendant un mois au maraîchage du Sahara en tant qu'ouvrier, j'ai été promu au poste de chef d'équipe. Cela a été une expérience très enrichissante pour moi, car j'ai pu voir de plus près comment fonctionne une entreprise agricole de cette envergure.

En tant que chef d'équipe, j'avais la responsabilité de superviser un groupe d'ouvriers dans leur travail quotidien. J'ai dû apprendre à communiquer efficacement avec eux et à les motiver pour qu'ils donnent le meilleur d'eux-mêmes. Cela n'a pas toujours été facile, car certains ouvriers avaient des personnalités différentes et des niveaux de compétence différents.

J'ai rapidement compris que le secret pour être un bon chef d'équipe était de traiter chaque ouvrier avec respect et de les encourager à travailler ensemble en équipe. J'ai également appris à être patient et à écouter leurs préoccupations et leurs idées.

Mon travail consistait à planifier les tâches quotidiennes pour mon équipe, en veillant à ce que les délais soient respectés et que la qualité du travail soit maintenue. J'ai également dû m'assurer que les ouvriers disposaient de tous les outils et équipements nécessaires pour effectuer leur travail en toute sécurité.

En tant que chef d'équipe, j'ai également été impliqué dans la formation des nouveaux ouvriers. J'ai dû leur expliquer les différentes tâches à accomplir et leur montrer comment utiliser les outils et équipements de manière appropriée. J'ai également dû leur enseigner les normes de sécurité et les protocoles à suivre pour éviter les accidents.

L'une des choses les plus importantes que j'ai apprises en tant que chef d'équipe est l'importance de la communication. J'ai dû communiquer efficacement avec les autres chefs d'équipe, le chef de ferme et les coordinateurs pour m'assurer que tout se passait bien sur le site. J'ai également dû communiquer avec les ouvriers pour m'assurer qu'ils comprenaient bien leurs tâches et qu'ils étaient motivés à travailler.

En tant que chef d'équipe, j'ai également été impliqué dans la résolution de problèmes. Parfois, il y avait des problèmes avec les équipements ou des retards dans la livraison des fournitures. Dans ces cas-là, j'ai dû travailler avec le chef de ferme pour trouver des solutions et minimiser les perturbations dans le travail quotidien.

Travailler comme chef d'équipe au maraîchage du Sahara a été une expérience très enrichissante pour moi. J'ai appris à être un leader efficace et à communiquer efficacement avec les autres. J'ai également développé mes compétences en résolution de problèmes et en gestion du temps.

Ce poste m'a également permis de mieux comprendre le fonctionnement de l'entreprise et les défis auxquels elle est confrontée. J'ai vu comment la modernisation de l'agriculture a permis à l'entreprise de produire les fruits frais toute l'année, mais j'ai également compris les défis environnementaux auxquels elle est confrontée.

Après un certain temps, le coordinateur général a pris la décision d'enlever les sub-sahariens comme chef d'équipe et de ne laisser que les Marocains à ces postes. Et j'ai été promu responsable des sub-sahariens.

Cela a été un travail difficile qui consistait à recruter des travailleurs, à les former, à gérer leur pointage et à assurer leur sécurité sur le site. J'ai dû apprendre à communiquer efficacement avec eux malgré la barrière linguistique et culturelle.

Mon travail consistait à recruter des travailleurs sub-sahariens pour travailler dans le champ. J'ai dû trouver des candidats qualifiés et les former aux différentes tâches qu'ils devaient accomplir sur le site. Cela incluait l'apprentissage des normes de sécurité et des protocoles à suivre pour éviter les accidents.

J'ai également dû m'assurer que les travailleurs disposaient de tous les outils et équipements nécessaires pour effectuer leur travail en toute sécurité. Cela comprenait des gants, des bottes, des casques et des lunettes de protection. J'ai également veillé à ce que les travailleurs disposent d'un endroit sûr pour ranger leurs affaires personnelles.

En tant que responsable des sub-sahariens, j'ai également dû gérer leur pointage. Je marchais dans tous les blocs pour m'assurer que tous les travailleurs étaient présents sur le site et qu'ils travaillaient les heures prévues. J'ai également dû gérer les absences et les retards des travailleurs.
L'un des aspects les plus importants de mon travail était de veiller à la sécurité des travailleurs sub-sahariens. J'ai dû m'assurer qu'ils comprenaient bien les normes de sécurité et les protocoles à suivre pour éviter les accidents. J'ai également dû m'assurer qu'ils disposaient de tout équipement de protection nécessaire pour travailler en toute sécurité.
En tant que responsable des sub-sahariens, j'ai également dû travailler en étroite collaboration avec les autres chefs d'équipe et les coordinateurs. J'ai dû communiquer efficacement avec eux pour m'assurer que tout se passait bien sur le site. J'ai également dû travailler avec eux pour résoudre les problèmes qui se posaient sur le site.
Travailler comme responsable des sub-sahariens au maraîchage du Sahara a été une expérience très enrichissante pour moi. J'ai appris à travailler avec des personnes de cultures différentes et à communiquer efficacement malgré la barrière linguistique. J'ai également développé mes compétences en gestion du temps et en résolution de problèmes.
Ce poste m'a également permis de mieux comprendre les défis auxquels sont confrontés les travailleurs sub-sahariens. J'ai vu comment ils doivent faire face à des conditions de travail difficiles et à la discrimination sur le lieu de travail. J'ai été fier de faire partie de cette entreprise qui emploie des migrants sub-sahariens et qui contribue à améliorer leur vie et celle de leur famille.
Je suis reconnaissant pour cette opportunité d'emploi et je recommande vivement aux autres migrants de chercher des emplois dans l'agriculture. Cela peut être une expérience enrichissante et gratifiante, tout en offrant des avantages financiers et de stabilité.
Je suis également devenu plus conscient des problèmes auxquels sont confrontés les migrants et les réfugiés dans le monde entier. J'ai réalisé que je devais faire quelque chose pour aider les autres à réaliser leurs rêves et à trouver une vie meilleure.
La perte d'un être cher est une expérience difficile à vivre pour tout le monde, mais perdre plusieurs personnes en peu de temps peut être accablant. C'est ce qui m'est arrivé il y a quelques mois.
Tout a commencé par la perte de ma grande sœur. Elle était une personne très importante pour moi et sa mort a été un coup dur. Je me suis senti perdu et sans repères. J'ai essayé de me concentrer sur ma jeune sœur pour essayer de surmonter cette épreuve, mais malheureusement, elle est décédée deux jours plus tard.
C'était un choc pour moi. J'ai eu du mal à accepter que deux membres de ma famille soient partis si rapidement. Je me suis senti seul et vulnérable. J'ai essayé

de rester fort pour ma famille, mais je me suis rendu compte que j'avais besoin d'aide.
Ma mère, depuis mon problème, elle ne s'est plus retrouver en plus on vient l'annoncer le décès de ses deux filles qui prenaient soin d'elle.
Mon oncle à Coyah. Il m'a accueilli avec amour et m'a aidé à traverser cette période difficile. Nous avons parlé de mes sœurs et de ce qu'elles représentaient pour moi. Il a organisé les funérailles de mes deux sœurs. C'était une période difficile, j'ai réussi à trouver un peu de réconfort dans la présence de mon oncle.
Malheureusement, quelques mois plus tard, mon oncle est décédé. Cette nouvelle a été un autre coup dur pour moi. J'ai perdu une personne qui avait été là pour moi dans les moments les plus difficiles de ma vie. C'était comme si le monde s'effondrait autour de moi.
J'ai décidé de ne pas assister aux funérailles de mon oncle, de ma grande sœur et de ma jeune sœur. La situation en Guinée était instable et je craignais pour ma sécurité. Je ne voulais pas prendre de risques.
Je me suis rendu compte que je devais prendre soin de moi pour pouvoir continuer à avancer.
La perte de mes proches a été une expérience difficile à vivre, mais j'ai appris à être fort et à trouver du réconfort dans les personnes qui m'entourent. J'ai également appris à prendre soin de moi et à ne pas prendre de risques inutiles. Je suis reconnaissant pour le soutien que j'ai reçu et je suis déterminé à continuer à avancer malgré les épreuves de la vie.
Aujourd'hui, mes projets d'avenir incluent de continuer à travailler dur pour réussir dans ma carrière et devenir un modèle pour les autres. Je veux aider les gens à réaliser leurs rêves, en particulier ceux qui cherchent à fuir la guerre, la pauvreté et l'oppression.
Je suis convaincu que le Maroc a un grand potentiel pour devenir un leader dans la région, en particulier en matière d'éducation et de développement économique. Je veux contribuer à cette croissance en travaillant dur et en aidant les autres à réussir.
Un autre problème dont nous sommes victime en Afrique est le réchauffement climatique. Le réchauffement climatique est un problème mondial qui affecte tous les pays, mais il a des conséquences particulièrement graves pour l'Afrique. Si rien n'est fait pour réduire les émissions de gaz à effet de serre et ralentir le changement climatique, nous pourrions faire face à un déplacement massif de la population dans les années à venir.
Les effets du changement climatique en Afrique sont déjà visibles. Les sécheresses sont plus fréquentes et plus graves, les températures augmentent et les précipitations deviennent plus imprévisibles. Cela a des conséquences graves pour les agriculteurs qui dépendent des conditions météorologiques pour cultiver leurs terres.
De nombreuses personnes en Afrique sont confrontées à une insécurité alimentaire croissante. Les récoltes sont moins abondantes et les prix des

denrées alimentaires augmentent, ce qui rend difficile l'accès à la nourriture pour de nombreuses personnes. Cette situation est particulièrement préoccupante dans les zones rurales, où la plupart des gens dépendent de l'agriculture pour leur subsistance.

Le changement climatique a également des conséquences sur la santé des populations africaines. Les maladies liées à l'eau, telles que le choléra, sont plus fréquentes en raison de la diminution de la qualité de l'eau potable. Les vagues de chaleur et les températures élevées augmentent également le risque de maladies telles que la malaria et la dengue.

Le changement climatique peut également avoir des conséquences sur la sécurité et la stabilité politique en Afrique. Les conflits liés à l'accès aux ressources naturelles, tels que l'eau et les terres, peuvent s'intensifier en raison de la diminution des ressources disponibles.

Si rien n'est fait pour réduire les émissions de gaz à effet de serre et ralentir le changement climatique, nous pourrions faire face à un déplacement massif de la population en Afrique. Les personnes qui dépendent de l'agriculture pour leur subsistance pourraient être contraintes de quitter leurs terres en raison de la sécheresse. Les populations côtières pourraient également être contraintes de se déplacer en raison de l'élévation du niveau de la mer.

Le déplacement de la population pourrait avoir des conséquences graves sur la sécurité et la stabilité politique en Afrique. Les personnes déplacées pourraient être confrontées à des conditions de vie difficiles et à une insécurité alimentaire croissante. Cela pourrait entraîner des conflits liés à l'accès aux ressources naturelles et augmenter le risque de violence et d'instabilité politique.

Il est donc crucial que des mesures soient prises pour réduire les émissions de gaz à effet de serre et ralentir le changement climatique en Afrique. Cela peut inclure des investissements dans des sources d'énergie renouvelable telles que l'énergie solaire et éolienne, ainsi que des mesures visant à réduire la consommation d'énergie dans les secteurs tels que les transports et l'industrie.

Il est également important que les gouvernements africains travaillent ensemble pour élaborer des politiques de lutte contre le changement climatique et pour renforcer la résilience des populations face aux effets du changement climatique. Cela peut inclure des mesures telles que la promotion de l'agriculture durable, la mise en place de systèmes d'irrigation efficaces et la mise en place de programmes de protection sociale pour les personnes les plus vulnérables.

En 2015, les pays membres des Nations Unies ont adopté 17 objectifs de développement durable pour l'année 2030. Ces objectifs, qui comprennent la lutte contre le changement climatique, la réduction de la pauvreté et la promotion de l'égalité des sexes, sont essentiels pour assurer un avenir durable pour l'Afrique et le monde entier. Malgré ces objectifs ambitieux, il reste beaucoup à faire pour atteindre ces objectifs en Afrique.

Les gouvernements africains doivent travailler ensemble pour élaborer des politiques et des plans d'action efficaces pour atteindre ces objectifs. Il est également important que les pays riches fournissent une aide financière et technologique aux pays africains pour les aider à atteindre ces objectifs. Les pays riches ont une responsabilité particulière dans la lutte contre le changement climatique, car ce sont eux qui ont historiquement émis le plus de gaz à effet de serre.

Il est important que les citoyens du monde entier prennent des mesures pour réduire leur propre empreinte carbone et exercent une pression sur leurs gouvernements pour qu'ils prennent des mesures plus ambitieuses pour lutter contre le changement climatique. Le changement climatique est un problème mondial qui nécessite une action mondiale.

La crise des réfugiés est un problème mondial qui nécessite une action concertée de la part des dirigeants du monde entier pour aider les personnes qui fuient la guerre, la persécution et la violence dans leur pays d'origine. Les gouvernements doivent travailler ensemble pour trouver des solutions durables pour les réfugiés, y compris des programmes de réinstallation et des possibilités d'éducation et d'emploi. Les réfugiés ont besoin d'un soutien à long terme pour reconstruire leur vie et contribuer à leur nouvelle communauté. La guerre peut frapper n'importe où, il est donc important que nous soyons solidaires et que nous travaillions ensemble pour aider ceux qui en ont besoin.

Ma séparation avec ma famille en Guinée ma causé une grande détresse ma mère, mes frères et sœurs me manquent profondément. Le désir de famille et la douleur d'être séparé peuvent être incroyablement difficiles à supporter.

Les liens que nous partageons avec notre famille sont parmi les plus forts et les plus significatifs de nos vies. Ils nous procurent amour, soutien et sentiment d'appartenance. Lorsque nous sommes séparés de nos proches, en particulier dans des circonstances indépendantes de notre volonté, cela peut être une expérience incroyablement douloureuse.

Le désir de ma mère, de mes frères et sœurs est une réponse naturelle au lien émotionnel et aux expériences partagées que j'ai avec eux. Les souvenirs de moments joyeux, de réunions de famille et le soutien que nous nous somme mutuellement apporté ont inondé mon esprit, intensifiant les sentiments de perte et de tristesse. Être physiquement séparé de ma famille en Guinée m'a évoqué un sentiment d'impuissance et de frustration. L'incapacité d'être présent pour les étapes importantes, les célébrations ou même dans les moments difficiles sont profondément pénible pour moi. Je suis naturellement inquiéter de leur bien-être, surtout compte tenu de la situation politique et de la présence de militaires au pouvoir.

En ces temps difficiles, je réussi à trouver des moyens de maintenir des liens avec ma famille, malgré la distance physique. La technologie est un outil précieux qui m'aide à rester en contact, que ce soit par le biais d'appels téléphoniques, de chats vidéo ou d'applications de messagerie. Bien que cela ne soulage pas complètement le désir de proximité physique, être capable de voir et d'entendre mes proches m'a apporter un peu de réconfort.

Il est également important que j'exprime mes sentiments et mes préoccupations à d'autres personnes susceptibles de comprendre ma situation. J'ai toujours eu le soutien des amis, des membres de ma famille qui m'écoute et me réconforte en ces temps difficiles. Le partage de mes expériences peut aider à alléger le fardeau émotionnel d'autres et me rappeler que je ne suis pas seul dans mon désir ardent pour ma famille.

Bien que ma principale préoccupation soit le bien-être de ma famille, il est également essentiel de donner la priorité à ma propre sécurité. Si je craigne pour ma sécurité en retournant physiquement en Guinée, il est important d'évaluer les risques et d'envisager d'autres moyens de subvenir aux besoins de ma famille.

Bien qu'il soit difficile de prédire l'avenir, je garde espoir.

Je sais que je ne suis pas seul dans mon désir de famille et dans la douleur de la séparation. De nombreuses personnes à travers le monde ont vécu des émotions et des défis similaires que moi.

L'éducation est un droit fondamental auquel chaque enfant devrait avoir accès. C'est par l'éducation que les individus peuvent acquérir des connaissances, des compétences et des valeurs qui leur permettront de mener une vie épanouissante et de contribuer à leurs communautés. Les parents jouent un rôle crucial dans l'éducation de leurs enfants, car ils sont les premiers enseignants et modèles que les enfants rencontrent.

Mon père a contribué à façonner mon éducation et m'a guidé vers le succès. Il m'a inculqué un goût pour l'apprentissage et une soif de savoir qui m'ont accompagné tout au long de ma vie. Il m'a appris l'importance du travail acharné, du dévouement et de la persévérance, et m'a encouragé à poursuivre mes rêves.

L'une des leçons les plus précieuses que mon père m'a apprises était l'importance de se fixer des objectifs. Il m'a aidé à identifier mes forces et mes faiblesses et m'a encouragé à me fixer des objectifs réalistes qui me mettraient au défi mais qui seraient également réalisables. Il m'a appris à décomposer mes objectifs en étapes plus petites et gérables et à célébrer chaque réalisation en cours de route.

Une autre leçon importante que mon père m'a enseignée était la valeur de l'éducation au-delà de la salle de classe. Il m'a encouragé à lire beaucoup, à explorer de nouvelles idées et à participer à des activités parascolaires qui élargiraient mes horizons. Il croyait que l'éducation devrait être holistique, englobant non seulement les matières académiques, mais aussi les compétences sociales, l'intelligence émotionnelle et l'expression créative.

Le soutien et les conseils de mon père m'ont aidé à atteindre mes objectifs scolaires. Grâce à ses encouragements, j'ai pu exceller sur le plan scolaire et poursuivre mes passions. Je suis reconnaissant pour l'éducation qu'il m'a donnée, car elle m'a permis de mener une vie épanouissante et d'avoir un impact positif sur le monde. Aujourd'hui il n'est plus parmi nous, que son âme repose en paix.

Les mères jouent un rôle crucial dans l'éducation de leurs enfants, car elles sont souvent les principales dispensatrices de soins et nourricières de leurs enfants.

Ils sont les premiers enseignants que les enfants rencontrent et peuvent avoir un impact significatif sur la réussite scolaire et le développement global de leurs enfants.
L'une des choses les plus importantes que les mères peuvent faire pour soutenir l'éducation de leurs enfants est de créer un environnement d'apprentissage positif à la maison. Cela inclut de fournir un espace calme pour étudier, de réserver du temps pour les devoirs et d'encourager l'amour de la lecture et de l'apprentissage.
Les mères peuvent également aider leurs enfants à se fixer des objectifs et à développer un sens des responsabilités et de l'imputabilité. En apprenant à leurs enfants à s'approprier leur éducation, les mères peuvent les aider à devenir des apprenants plus indépendants et plus motivés.
Un autre rôle crucial que jouent les mères dans l'éducation de leurs enfants est de les défendre si nécessaire. Cela comprend la communication avec les enseignants et les administrateurs scolaires pour s'assurer que leurs enfants reçoivent le soutien et les ressources dont ils ont besoin pour réussir.
Les mères peuvent également être de puissants modèles pour leurs enfants en démontrant la valeur de l'éducation par leurs propres actions. En poursuivant leurs propres objectifs éducatifs et en montrant leur engagement envers l'apprentissage tout au long de la vie, les mères peuvent inspirer leurs enfants à faire de même.
En plus de ces stratégies pratiques, les mères peuvent également apporter un soutien émotionnel et des encouragements à leurs enfants tout au long de leur parcours scolaire. En étant présentes, en écoutant les préoccupations de leurs enfants et en offrant des mots d'affirmation et de louange, les mères peuvent aider leurs enfants à se sentir confiants et motivés pour réussir. Longue vie à toutes les femmes qui se battent pour l'éducation de leurs enfants.
Mon expérience de traversée la Méditerranée et de vie à Dakhla m'a appris que rien n'est impossible si l'on reste déterminé et qu'on travaille dur. Je suis fier de ce que j'ai accompli jusqu'à présent, et je suis impatient de voir ce que l'avenir me réserve.

CONCLUSION

L'immigration forcée est un phénomène complexe qui peut avoir de nombreuses causes. Toutefois, certaines tendances se dégagent et nous permettent d'identifier les principales raisons qui poussent des millions de personnes à quitter leur pays chaque année.

La première cause de l'immigration forcée est la guerre et les conflits armés. Les zones de guerre sont souvent caractérisées par des violences extrêmes, des bombardements, des exécutions sommaires et des violences sexuelles. Les populations civiles sont souvent prises entre deux feux et sont contraintes de fuir pour sauver leur vie. Les conflits armés peuvent également entraîner la destruction des infrastructures, la famine et la maladie, ce qui pousse les populations à chercher refuge ailleurs.

La deuxième cause de l'immigration forcée est la persécution. Les persécutions peuvent prendre différentes formes, allant de la discrimination ethnique ou religieuse à la répression politique. Les personnes qui sont persécutées risquent souvent leur vie ou leur liberté si elles restent dans leur pays d'origine. Elles sont donc contraintes de fuir pour sauver leur vie.

La troisième cause de l'immigration forcée est la pauvreté et l'absence de perspectives économiques. Dans de nombreux pays, les populations sont confrontées à une pauvreté extrême, à un manque d'emplois et à une absence de perspectives économiques. Les jeunes sont particulièrement touchés par cette situation, car ils ont souvent du mal à trouver un emploi stable et bien rémunéré. Pour beaucoup, l'immigration est donc perçue comme une solution pour améliorer leur situation économique.

La quatrième cause de l'immigration forcée est le changement climatique. Les effets du changement climatique, tels que les sécheresses, les inondations et les tempêtes, peuvent détruire les moyens de subsistance des populations locales. Les agriculteurs peuvent perdre leurs récoltes, les pêcheurs peuvent perdre leur source de nourriture et les populations peuvent être contraintes de fuir pour survivre.

La cinquième cause de l'immigration forcée est la violation des droits de l'homme. Les violations des droits de l'homme, telles que la torture, les exécutions sommaires et les disparitions forcées, peuvent pousser les populations à fuir leur pays d'origine. Les femmes et les enfants sont souvent les plus vulnérables à ces violations, car ils sont souvent victimes de violences sexuelles et d'abus.

L'immigration forcée est un phénomène qui a des conséquences considérables pour les communautés et les pays impliqués. Les causes de l'immigration forcée sont multiples, notamment les conflits armés, les persécutions, les catastrophes naturelles et le changement climatique. Les conséquences de l'immigration forcée peuvent être négatives pour les pays d'origine, les pays de destination et les migrants eux-mêmes.

L'immigration forcée a des conséquences négatives pour les pays d'origine. Elle entraîne une perte de capital humain, car les personnes qui fuient leur pays d'origine sont souvent les plus éduquées et les plus qualifiées. Cette perte de capital humain peut avoir des conséquences négatives sur le développement économique et social à long terme. L'immigration forcée peut entraîner une déstabilisation politique, car les conflits armés et les persécutions qui poussent les gens à fuir leur pays peuvent également déstabiliser les gouvernements locaux et perturber la vie quotidienne des populations. Cela peut entraîner des troubles sociaux et politiques, ainsi qu'une augmentation de la violence. L'immigration forcée peut entraîner une perte de revenus pour les pays d'origine, car les migrants qui quittent leur pays d'origine ne contribuent plus à l'économie locale.

L'immigration forcée a également des conséquences importantes pour les pays de destination. Elle peut entraîner une pression sur les services publics, car les migrants ont souvent besoin de services tels que l'éducation, la santé et le logement. Cette pression peut entraîner une saturation des services publics locaux. L'immigration forcée peut entraîner des tensions sociales et politiques, car les migrants peuvent être perçus comme une menace pour l'emploi et la sécurité, ce qui peut entraîner des tensions entre les communautés locales et les migrants. Cela peut également alimenter les mouvements nationalistes et anti-immigration. L'immigration forcée peut avoir des conséquences économiques positives pour les pays de destination, car les migrants peuvent contribuer à l'économie locale en travaillant et en payant des impôts. Ils peuvent également apporter des compétences et des connaissances qui peuvent aider à stimuler l'innovation et la croissance économique.

L'immigration forcée a des conséquences importantes pour les migrants eux-mêmes. Ils sont souvent confrontés à des conditions de vie difficiles, car ils peuvent être confrontés à la discrimination, à la violence et à l'exploitation dans leur pays d'accueil. Ils peuvent également être confrontés à des difficultés pour trouver un emploi et un logement. L'immigration forcée peut avoir des conséquences psychologiques négatives pour les migrants, car ils peuvent souffrir de stress post-traumatique et d'autres problèmes de santé mentale en raison des expériences traumatisantes qu'ils ont vécues dans leur pays d'origine ou lors de leur voyage. L'immigration forcée peut avoir des conséquences positives pour les migrants, car ils peuvent trouver un refuge sûr dans leur pays d'accueil et avoir accès à des services tels que l'éducation et les soins de santé. Ils peuvent également avoir la possibilité de reconstruire leur vie et de contribuer à l'économie locale.

Solutions pour lutter contre l'immigration forcée :

Prévention et résolution des conflits : Les efforts pour prévenir et résoudre les conflits peuvent aider à traiter les causes profondes de la migration forcée, y

compris les négociations diplomatiques, les accords de paix et le soutien aux initiatives de consolidation de la paix.
Protection des droits de l'homme : La promotion et l'application des droits de l'homme peuvent contribuer à créer un environnement dans lequel les personnes ne sont pas contraintes de fuir en raison de persécutions ou de discrimination.
Relever les défis environnementaux : La lutte contre le changement climatique, le soutien au développement durable et la mise en œuvre de mesures visant à atténuer l'impact des catastrophes environnementales peuvent réduire la migration forcée déclenchée par des facteurs environnementaux.
Développement économique et réduction de la pauvreté : favoriser une croissance économique inclusive, réduire la pauvreté et lutter contre les inégalités économiques peuvent offrir aux individus de meilleures perspectives et réduire le besoin de migration.
Coopération et aide internationales : La collaboration entre les pays, les organisations internationales et les ONG est essentielle pour fournir une aide humanitaire, soutenir la réinstallation des réfugiés et relever les défis associés à la migration forcée.
Solutions à long terme et reconstruction : Investir dans la reconstruction post-conflit, la consolidation de la paix et l'aide au développement peut aider les populations déplacées à rentrer chez elles et à reconstruire leur vie.
Il est important de noter que l'immigration forcée est un problème complexe et que sa résolution nécessite une approche à multiples facettes qui tient compte des circonstances et des besoins spécifiques des populations concernées.

MON FUTURE PROJET

Mon parcours d'immigration vers l'Europe a été difficile et éprouvant. J'ai été témoin de la souffrance de nombreuses femmes et enfants confrontés à des défis similaires. C'est pourquoi j'ai décidé de créer une ONG qui travaillera à l'amélioration des conditions de vie des femmes et des enfants en Guinée.

Le Département d'appui aux femmes et aux enfants de Guinée (DAFEG) sera une organisation axée sur l'éducation, la santé et la sécurité des femmes et des enfants. Nous sommes conscients des défis auxquels sont confrontés les femmes et les enfants en Guinée, notamment en matière d'accès à l'éducation, à la santé et à la sécurité.

Nous sommes également conscients que le changement climatique a de graves conséquences pour les femmes et les enfants en Guinée. Des sécheresses plus fréquentes et plus graves ont des conséquences désastreuses sur l'agriculture, entraînant une baisse de la production alimentaire et une augmentation des prix des denrées alimentaires. Les familles pauvres sont les plus touchées par cette insécurité alimentaire car elles ont souvent peu de moyens pour acheter de la nourriture supplémentaire.

Le changement climatique a également des conséquences sur la santé des femmes et des enfants en Guinée. Les maladies liées à l'eau telles que la diarrhée et le choléra sont plus fréquentes en raison de la diminution de la qualité de l'eau potable. Les risques de maladies telles que le paludisme et la dengue augmentent également en raison des températures plus élevées et des précipitations imprévisibles.

Le DAFEG travaillera à sensibiliser les femmes et les enfants aux effets du changement climatique et à renforcer leur résilience face à ces effets. Nous travaillerons avec les communautés pour promouvoir des pratiques agricoles durables et améliorer l'accès à une eau potable de qualité. Nous travaillerons également à sensibiliser les femmes et les enfants aux risques sanitaires liés au changement climatique et à promouvoir les pratiques d'hygiène et de santé publique.

Nous pensons que la lutte contre le changement climatique est une responsabilité collective et que chacun doit contribuer à cette lutte. Nous encouragerons les femmes et les enfants à prendre des mesures pour réduire leur propre empreinte carbone, comme la réduction de la consommation d'énergie et l'utilisation de modes de transport durables. Nous exhorterons également les gouvernements et les organisations internationales à prendre des mesures plus ambitieuses pour lutter contre le changement climatique et aider les pays en développement à s'adapter aux effets du changement climatique.

Le DAFEG travaillera également à améliorer l'accès à l'éducation des filles en Guinée. Nous croyons que l'éducation est un droit fondamental pour tous les enfants, mais surtout pour les filles qui sont souvent exclues de l'éducation en raison de la pauvreté, de la discrimination et de la violence. Nous travaillerons avec les communautés pour promouvoir l'éducation des filles et lutter contre les pratiques néfastes telles que le mariage précoce et les mutilations génitales féminines.

Le DAFEG travaillera également à l'amélioration de la santé des femmes et des enfants en Guinée. Nous travaillerons avec les communautés pour promouvoir des pratiques saines telles que l'allaitement maternel exclusif et la vaccination. Nous travaillerons également pour améliorer l'accès à des soins de santé de qualité pour les femmes et les enfants en Guinée.

Le DAFEG travaillera au renforcement de la sécurité des femmes et des enfants en Guinée. Nous travaillerons avec les communautés pour lutter contre la violence sexiste, y compris la violence domestique et la traite des êtres humains. Nous travaillerons également pour protéger les enfants contre l'exploitation et les abus.

En résumé, le Département d'Appui aux Femmes et aux Enfants de Guinée (DAFEG) sera une organisation qui travaille à l'amélioration des conditions de vie des femmes et des enfants en Guinée. Nous sommes conscients des défis auxquels sont confrontés les femmes et les enfants en Guinée, notamment en matière d'accès à l'éducation, à la santé et à la sécurité. Nous travaillerons à sensibiliser les femmes et les enfants aux effets du changement climatique et à renforcer leur résilience face à ces effets. Nous pensons que la lutte contre le changement climatique est une responsabilité collective et que chacun doit contribuer à cette lutte.

L'amour pour sa communauté peut être défini comme un attachement profond et sincère envers les personnes qui vivent dans un lieu donné. C'est un sentiment qui pousse à vouloir le meilleur pour sa communauté et à agir en conséquence pour y parvenir.

Pour moi, l'amour pour sa communauté est essentiel pour plusieurs raisons. Tout d'abord, cela crée un sentiment d'appartenance et de solidarité entre les membres de la communauté. Lorsque les gens se sentent aimés et soutenus, ils sont plus susceptibles de travailler ensemble pour atteindre des objectifs communs.

L'amour pour sa communauté peut aider à améliorer la qualité de vie des gens qui y vivent. Les personnes qui s'investissent dans leur communauté sont souvent celles qui prennent des initiatives pour résoudre les problèmes locaux et pour améliorer les services publics. Elles peuvent également organiser des événements culturels et sociaux qui contribuent à renforcer les liens entre les membres de la communauté.

L'amour pour sa communauté peut également avoir des effets positifs sur la santé mentale et physique des individus. Les personnes qui se sentent connectées à leur communauté ont tendance à être plus heureuses et plus satisfaites de leur vie. Elles ont également un réseau de soutien social plus solide, ce qui peut les aider à faire face aux difficultés de la vie.

L'amour pour sa communauté peut être un moteur de changement social et politique. Les personnes qui sont passionnées par leur communauté peuvent se mobiliser pour lutter contre les injustices et pour défendre les droits des plus vulnérables. Elles peuvent également travailler à promouvoir des politiques publiques qui favorisent le bien-être de tous les membres de la communauté.

Cependant, l'amour pour sa communauté n'est pas toujours facile à cultiver. Dans certains cas, les gens peuvent se sentir découragés par les problèmes qui existent dans leur communauté, comme la pauvreté, la violence ou la discrimination. Ils peuvent également être tentés de se retirer de la vie communautaire en raison d'un manque de temps ou d'intérêt.

Pour surmonter ces obstacles, il faut se rappeler que l'amour pour sa communauté est une pratique quotidienne. Il ne s'agit pas seulement d'un sentiment, mais aussi d'une série d'actions concrètes que l'on peut entreprendre pour aider sa communauté à prospérer. Cela peut inclure la participation à des réunions communautaires, le bénévolat dans des organisations locales, le soutien aux petites entreprises locales, et bien plus encore.

Il est également important de reconnaître que l'amour pour sa communauté ne doit pas être exclusif. Il est possible d'aimer sa communauté tout en respectant et en célébrant la diversité qui existe en son sein. L'amour pour sa communauté peut être un moyen de construire des ponts entre les différentes cultures et les différentes perspectives.

Le service communautaire est un moyen de redonner à la communauté et d'avoir un impact positif sur la vie des autres. Il implique de volontariat du temps, des compétences et des ressources pour soutenir des initiatives qui bénéficient à la communauté. Le service communautaire peut prendre de nombreuses formes, notamment l'organisation d'événements, la collecte de fonds, le mentorat et le soutien aux personnes dans le besoin.

L'un des avantages du service communautaire est qu'il aide à construire des communautés plus fortes. En travaillant ensemble pour soutenir des objectifs et des initiatives communs, les membres de la communauté peuvent développer des liens plus forts et un sens de but partagé. Le service communautaire peut également aider à résoudre les problèmes sociaux et à améliorer la qualité de vie de ceux qui vivent dans la communauté.

Un autre avantage du service communautaire est qu'il peut aider à développer des compétences et des qualités importantes. En offrant du temps et des ressources bénévoles, les individus peuvent développer des compétences en leadership, en communication et en travail d'équipe. Ils peuvent également développer un sens de l'empathie et de la compassion pour les autres, ce qui peut aider à construire des relations plus solides et à améliorer leur propre santé mentale et leur bien-être.

Pour tenir une promesse de venir en aide à sa communauté, il est important d'identifier les besoins spécifiques de la communauté et de déterminer la meilleure façon d'y répondre. Cela peut impliquer de travailler avec des leaders et des organisations communautaires pour identifier les domaines de besoin, de développer un plan d'action et de mobiliser des ressources pour soutenir l'initiative.

Il est également important de s'engager avec les membres de la communauté et de construire des relations basées sur la confiance et le respect. Cela peut impliquer de contacter des individus et des organisations, d'écouter leurs préoccupations et leurs idées, et de travailler ensemble pour développer des solutions qui profitent à tous.

Rejoignez-nous dans ce combat pour un avenir meilleur.

Bibliographie Anglais :

1. "The Unwanted: A Memoir of Childhood and Immigration" by Don Brown
2. "The Warmth of Other Suns: The Epic Story of America's Great Migration" by Isabel Wilkerson
3. "The Displaced: Refugee Writers on Refugee Lives" edited by Viet Thanh Nguyen
4. "Refuge: An Unnatural History of Family and Place" by Terry Tempest Williams
5. "The New Odyssey: The Story of Europe's Refugee Crisis" by Patrick Kingsley
6. "The Death of Expertise: The Campaign Against Established Knowledge and Why it Matters" by Tom Nichols
7. "The Dispossessed: A Story of Asylum at the US-Mexico Border and Beyond" by John Washington
8. "City of Thorns: Nine Lives in the World's Largest Refugee Camp" by Ben Rawlence
9. "The Making of a Refugee: Children Adopting Refugee Identity in Cyprus" by Olga Demetriou
10. "The Far Away Brothers: Two Young Migrants and the Making of an American Life" by Lauren Markham

Traduction :

1. "Les indésirables : mémoires d'enfance et d'immigration" de Don Brown
2. "La chaleur des autres soleils : l'histoire épique de la grande migration américaine" par Isabel Wilkerson
3. « The Displaced : Refugee Writers on Refugee Lives » édité par Viet Thanh Nguyen
4. "Refuge : Une histoire non naturelle de la famille et du lieu" par Terry Tempest Williams
5. « La nouvelle odyssée : l'histoire de la crise des réfugiés en Europe » par Patrick Kingsley
6. "La mort de l'expertise : la campagne contre les connaissances établies et pourquoi c'est important" par Tom Nichols
7. "Les dépossédés : une histoire d'asile à la frontière américano-mexicaine et au-delà" par John Washington
8. "City of Thorns : Neuf vies dans le plus grand camp de réfugiés du monde" par Ben Rawlence
9. "La fabrication d'un réfugié : les enfants adoptant l'identité de réfugié à Chypre" par Olga Demetriou
10. "The Far Away Brothers: Two Young Migrants and the Making of an American Life" de Lauren Markham

REMERCIEMENTS

Je tiens tout d'abord à vous exprimer ma profonde gratitude pour votre intérêt et votre soutien envers mon livre, MIGRATION FORCÉE.
Ce livre est le fruit d'un long travail et de nombreuses réflexions sur mon expérience de migration forcée et sur les défis auxquels sont confrontés les migrants dans leur quête d'une vie meilleure. J'ai voulu partager mon histoire pour sensibiliser le public sur les réalités de la migration forcée et pour inspirer d'autres migrants à trouver des opportunités d'emploi dans des secteurs tels que l'agriculture, qui peuvent offrir une vie meilleure et plus stable.
Je suis profondément reconnaissant envers toutes les personnes qui ont contribué à la réalisation de ce livre, notamment mes proches, mes amis, mes collègues et toutes les personnes qui m'ont soutenu dans mon parcours. Je tiens également à remercier les professionnels du livre qui ont travaillé avec moi pour donner vie à ce projet.
Je tiens à remercier tous les lecteurs et lectrices qui ont pris le temps de lire mon livre et de partager leurs réflexions avec moi. Vos commentaires et vos retours sont précieux pour moi et me donnent la force et l'inspiration pour continuer à partager mon histoire et à sensibiliser le public sur les défis auxquels sont confrontés les migrants.
Je suis reconnaissant envers tous ceux qui luttent pour les réfugiés partout dans le monde, car ils offrent une lueur d'espoir à ceux qui ont besoin d'aide.
Je tiens également à remercier toutes les autorités des pays du Maghreb pour leurs efforts sans cesse pour secourir les migrants en Méditerranée. Leurs actions sont cruciales pour sauver des vies et offrir un refuge à ceux qui fuient la violence et la persécution dans leur pays d'origine
En fin, j'ai appris que la vie est fragile et que nous devons apprécier chaque moment que nous avons avec nos proches. Nous ne savons jamais quand notre temps ici prendra fin, il est donc important de vivre pleinement et de chérir chaque instant.
Je vous remercie du fond du cœur pour votre soutien et votre engagement envers la cause des migrants. Ensemble, nous pouvons faire la différence et offrir un nouvel espoir à ceux qui ont été forcés de quitter leur pays d'origine.

Avec toute ma gratitude,

Mohamed Sylla

Table des matières

Printed by Books on Demand GmbH, Norderstedt / Germany